超级技术

MEGATECH

改变未来社会和商业的技术趋势

TECHNOLOGY IN 2050

[美] 梅琳达·盖茨 等◎著

丹尼尔·富兰克林◎主编

黄 强◎译

中信出版集团·北京

图书在版编目（CIP）数据

超级技术：改变未来社会和商业的技术趋势 /（美）梅琳达·盖茨等著;（美）丹尼尔·富兰克林主编；黄强译. -- 北京：中信出版社，2017.12（2023.4 重印）
书名原文：Megatech: Technology in 2050
ISBN 978-7-5086-8324-9

I. ①超… II. ①梅… ②丹… ③黄… III. ①技术发展－研究 IV. ①F062.4

中国版本图书馆CIP数据核字（2017）第 269883 号

超级技术：改变未来社会和商业的技术趋势

著　　者：[美] 梅琳达·盖茨等
主　　编：[美] 丹尼尔·富兰克林
译　　者：黄　强
出版发行：中信出版集团股份有限公司
（北京市朝阳区东三环北路 27 号嘉铭中心　邮编　100020）
承 印 者：北京通州皇家印刷厂

开　　本：880mm×1230mm　1/32　　印　　张：9.5　　字　　数：245 千字
版　　次：2017 年 12 月第 1 版　　印　　次：2023 年 4 月第 3 次印刷
京权图字：01-2017-3051
书　　号：ISBN 978-7-5086-8324-9
定　　价：69.00 元

序 邂逅超级技术 // IX

第一部分 基础

第 1 章 预测未来的水晶球 // 003

如果要窥探技术的未来，可以从三个方面着手：过去、现在，以及科幻小说中的未来世界。

历史之镜 // 004
明天重复今天 // 005
从科幻小说中发现未来 // 007
实战 // 009
未来在加速前进？ // 015

第 2 章 未来技术的物理基础 // 017

基础物理的进步将为物理与技术的关系带来质变，并开创一个新局面。牢固的基础能够让我们更清晰地认识到机会和挑战。光明的前途就在前面，但同时也潜伏着危险。

从神秘到精通 // 018
对世界进行编码 // 022
臆想之事 // 031
机遇 // 032

第 3 章　生物技术的潜能 // 041

从制药到生产，生物技术将为个人、企业和经济打开一扇充满无限可能的大门。

把互联网接入自己的大脑 // 044

当软件遇上湿件 // 046

生物技术繁荣的基础 // 047

生物工程的未来 // 050

从磁盘到DNA // 053

牛奶工厂和生物经济 // 054

你好！机器牛 // 056

第 4 章　超越摩尔定律 // 058

微处理器性能的巨大进步使得计算革命成为可能。未来，革命还将以其他方式继续下去。

摩尔定律的强弩之末 // 059

3D芯片和量子计算 // 062

消逝的计算机 // 065

摩尔定律的终结 // 067

第 5 章　技术发展史：凡是过去，皆为序章 // 069

要想了解未来30年事情将如何变化，可以参考过去30年各种技术浪潮是如何形成的。

第一波浪潮：IBM和七个小矮人 // 070

第二波浪潮的赢家：微软和甲骨文 // 072

一浪快过一浪：第三波和第四波浪潮 // 073

技术浪潮与风险投资家 // 074

第五波和第六波浪潮：大数据和物联网 // 076

第七波浪潮已经到来：人工智能 // 076

浪潮退去之后 // 081

第 6 章 创新大辩论 // 084

在未来，技术是否能像过去一样让经济发展和生产力出现飞跃？这引起了人们的激烈争辩。

令人悲观的数据和统计假象 // 086
被低估的指数效应 // 088
技术充分发挥潜力的滞后效应 // 090
技术变革带来的麻烦 // 093
更加不平等的未来 // 096

第二部分 各个行业的超级技术

第 7 章 欢迎来到 2050 年的农场 // 101

一个拥有 100 亿人口的星球如何养活自己。

农业革命 // 104
都市中的田园 // 107
前事不忘，后事之师 // 109

第 8 章 医疗保健和病人的权利 // 111

医学的快速进步将同时让人类和社会受益匪浅。

大数据和人工智能 // 112
个性化医疗和“组学”的时代 // 116
分子影像 // 119
超伦理问题 // 119

第 9 章　能源技术：再生能源的崛起 // 121

由于太阳能和风能发电，以及储电技术的进步，能源的消费模式即将迎来剧变。

阳光普照　// 124
风中摇曳　// 126
人民的力量　// 128
加州之梦　// 129
路漫漫　// 131
煤炭工人的烦恼　// 134
变革的时代　// 135

第 10 章　制造业的新材料 // 138

新材料与新技术的结合将同时改变可以生产什么以及怎么生产。

“编织”汽车　// 138
黑色艺术品　// 140
回收利用　// 147
制造业回流　// 148

第 11 章　技术改变战争：巫术和非对称 // 151

西方国家将从武器和信息技术的巨大进步中受益匪浅，但这也为敌人留下了可以利用的新漏洞。

创造性破坏　// 153
火与硫黄，精确制导武器　// 156
思想之战　// 160
上九天揽月　// 163
已知的未知　// 165

第12章 个人技术 // 167

随着真实世界与虚拟世界之间的关联越来越紧密，数字技术将进一步渗透到我们的生活中，很有可能渗透到我们的身体里面。

虚拟现实 // 168
增强现实的世界 // 171
为什么这次与众不同 // 173
技术最终植入人的身体 // 175
无处可藏 // 177

第三部分 超级技术与社会

第13章 人工智能的伦理 // 185

虽然机器怪物统治人类的威胁目前还是杞人忧天，但人类滥用机器的风险是真实存在的。

为人工智能设定边界 // 188
“信息圈”里的婚姻 // 191
小心人类 // 194

第14章 数据驱动的世界 // 197

大规模的、创新的、无处不在的数据应用将使得很多事情变得更容易、更便宜、更丰富。

自我治愈 // 199
数据与教育 // 201
取代律师 // 203
就业的末日？ // 206
因果倒置 // 208
数据，无处不在 // 209

第 15 章　掌握自己的命运 // 211

如果这个世界上的每位女性都有一部智能手机，那将彻底改变她们的生活。

并不难实现 // 214

第 16 章　超级技术和超级不平等 // 215

技术带来了很多的不平等，但是它在很大程度上也能解决不平等。

分界与学校 // 217

可汗学院 // 220

免费教育 // 222

数据革命 // 225

技术与政治家 // 226

第 17 章　工作岗位和机器的崛起 // 229

技术引发了一系列关于未来工作的思考，有一点十分明确：企业取得成功的关键是具有适应能力。

机器能否解放我们的大脑 // 230

机器能否决定一切 // 232

机器能否让权力扁平化 // 233

第 18 章　短篇故事：探视时间 // 238

2050 年，技术给人类带来了身心方面的各种问题。

第 19 章　短篇故事：恒河水 // 249

2050 年，是各种星际探险和科研活动的时代。

序　邂逅超级技术

本书旨在从较长的时间维度来思考技术的发展。我们把目光锁定在2050年，是为了找到这段时间内有可能改变世界的基本动力。本系列的第一本——《大转变：2050年的世界》（*Megachange: The World in 2050*）于2012年出版，对全球的人口、宗教、经济和文化的发展进行了预测。本书仅关注一点——技术，但是超级技术的范围很广泛，几乎会给所有一切带来影响。

显然，我们无法肯定2050年的技术将会是什么样，就像30年前，没人可以预测到今天的苹果、亚马逊、脸书和谷歌，但进行有根据的预测还是很有趣、很有意义的。本书汇集了各个领域专家的观点，囊括了科学家、企业家、学者、科幻作家以及《经济学人》杂志的记者等，大家对于未来几十年技术将怎样演变和影响我们做出了预测。

工具和平台

本书从基础开始，第一部分的前六章，讨论了未来技术的一些基本问题，以及技术变革的驱动力和限制。我们应如何着手研究未来的发展？科学，特别是物理学和生物学将取得哪些进展？技术的发展将会遇到哪些瓶颈？投资者如何看待新技术，目前他们正把资金投到哪些领域？技术的变革是否会像大家预测的那样迅猛，抑或逊色于20世纪的技术革命？

为了更好地预测未来的技术，最好是找到相关工具。汤姆·斯丹迪奇为我们提供了一些这样的工具，他建议我们到过去的发展模式、现有的“边界案例”，以及科幻作家的“想象中的未来”里寻找线索。然后，他把这些工具在四个很有前景的领域进行测试：虚拟现实、自动驾驶、私人太空旅行以及基因工程。这些案例表明我们将迎来一个技术的孕育期（两位科幻作家称这个即将到来的变革时代为“加速带”），这将与17世纪中期的科学革命遥相呼应。

科学领域的进步让“加速带”看起来是可行的。弗朗克·韦尔切克在其对基础物理学的精湛概述（很多读者会觉得相见恨晚，如果大学里面有如此清晰的解释就好了）中，给出了一个惊人的论断：

> 今天我们有准确的、完整的公式来为核物理、材料科学、化学以及所有合理形式的工程提供基础。

因此，计算可以越来越多地取代技术开发中的实验，从而实现更快的进步。这让我们“有更多的机会为人类服务”，同时“为我们取得更高水平的物质文明和精神文明带来了令人振奋的前景”。但是，它也为我们呈现了一些可怕的错误（或“失败模式”）。其中，最令人担忧的三种是：核战争、生态崩溃，以及人工智能战争。

如果说物理学已经成熟到可以进行创新，那么生物学就是刚刚升起的太阳。罗伯特·卡尔森预测，到2050年之前的几十年中，我们将会研究生命科学中各个部分和各个系统是如何协调工作的。在未来一段时间可能会出现的一些技术，包括人的大脑连接互联网、身体各个部件以旧换新，都可能带来伦理方面的问题。同时，整个行业（从食品到制药）都将因为生物工程而转变，因为它将成为一个“制造任何我们在大自然中看到的物体”的平台，以及其他更多的可能。

生物技术的巨大潜力的背后是DNA（脱氧核糖核酸）测序能力的超指数增长。10年前，《经济学人》把这种效率的飙升称为“卡尔森曲线”，类似于大家熟知的芯片行业驱动数字技术发展的“摩尔定律”。其实，摩尔定律的效用正在消失。这是否意味着对于计算能力的巨大需求（本书中提及的很多有趣的事情都需要运用计算能力）将来会受制于物理极限呢？在蒂姆·克罗斯看来，答案很简单：也许不会。其他技术将弥补摩尔定律的失效。没有摩尔定律这个“主节拍器”，进步可能不会那么规律和可预测，但是结合3D芯片、量子计算以及云计算，计算革命将继续下去。

根据近几十年的经验来看，信息技术总以技术“浪潮”的形式出现。从20世纪50年代起，大概经历了六波这样的浪潮，从早期的大型主机到现在的智能设备以及物联网。在每一波浪潮中，都会涌现一堆公司，但只有很少的公司能够顺利到达彼岸。每一波浪潮都会吸取上一波浪潮的力量，长江后浪推前浪。硅谷的投资者已经站在了最新的第七波浪潮上，目前还处于形成阶段：人工智能。早期的风险投资家在2010年左右就开始投资人工智能，目前，有数十亿美元正砸向人工智能软件工具和应用公司。安·温布莱德认为“第七波浪潮中，一个快速的、良性的、互相竞争的创新循环为第七波浪潮的形成带来了无形的动力”，我们将在未来几十年内感受到这种力量。

人工智能以及其他新技术的影响到底会有多大呢？包括美国经济学家罗伯特·戈登在内的一些人认为，数字革命虽然影响深刻，但是与19世纪下半叶伟大的工业革命相比，它带来的潜在变革还是相对有限的。电力、汽车、室内下水管道和现代医学推动了生产力长达一个多世纪的快速增长，尽管今天互联网、智能手机、移动应用以及机器人的应用很广泛，生产力及人们的收入增长速度却让人失望。这些技术增加的只是社会的不平等和愤怒，但是正如瑞安·埃文特阐述的那样，对于未来几十年，我们还是有充足的理由更加乐观些。学会如何充分利用新技术需要一定的时间，对于当时的电气化也是如此（事实上，到目前为止，信息技术时代的劳动生产率增长模式与电气化时代基本一致）。与以前技术驱动的经济增长相比，未来的进步将以现在很难想象的方式出现。这并不是说未来的快速变革会很容易应对，相反，它会很困难并且带有破坏性，本书后面的章节将更深入地分析这个问题。

工业革命

在第二部分，我们首先将分析技术为不同的关键行业带来的变革。在这些行业中，农业是最重要的。到 2050 年，如何养活地球上近 100 亿的人口？杰弗里·凯尔认为，消费者也许能够接受各种即将到来的食品生产技术。这些技术，包括对植物进行精确的基因编辑，能够让农作物进行涡轮增压光合作用（turbo-boost photosynthesis），从而生长得更快，极大地提高产量。城市渔场能够把海洋引到内陆，会让鱼成为动物蛋白的主要来源。除非被大规模生产的动物产品取代，牛排、牛奶、无壳鸡蛋等产品，可以直接从细胞进行培育，不需要真正的动物。

如果我们不需为饥饿担心，那么就应该考虑让大家的生活更健康一些。过去，医疗保健行业采用新技术的速度相对较慢，如今变化节奏正在加快。搅局者将来自多个领域，包括人工智能、大数据、更廉价的基因组测序。医疗保健行业将迎来非凡的改变：新的应用程序以及更加复杂的人工智能工具将完成以前医生的工作；针对特定分子或细胞的“靶向治疗”将主导药物的开发；全新的子行业将出现，如再生医疗以及与数据聚合相关的领域。基安里科·法鲁吉亚指出，有一点很关键，那就是这些变革将带来似曾相识的结果：医疗行业将和其他行业一样，把患者视为客户。

能源行业的未来可能就没有这么明晰了，我们将逐渐减少使用造成气候变化的燃料。安妮·舒卡特预计，在未来几十年，化石燃料的使用量将大幅减少，可再生能源会迅速崛起，特别是太阳能和风能，其成本正在不断下降。电池技术的巨大进步也将带来帮助：家用以及商用的“分布式”能源存储技术将逐渐推广。过去大家都担心会出现能源短缺，但随着可再生能源的兴起，以及使用“压裂法”开采到更多的石油和天然气，未来的能源将十分丰富。

新材料的使用也将有助于大幅提高制造业的能源使用效率。正如保罗·麦基里指出的那样，从宝马 i3 电动汽车由碳纤维“编织”而成，可以看到未来的一些端倪：与传统工艺及材料相比，i3 的生产过程节省了 50% 的能源以及 70% 的水。这只是材料科学革命的一部分，除了碳纤维，还有诸如具有记忆功能和自我组装功能的“智能”材料，以及通过分子级操作创造特定物质，甚至改变物质对光、电、水、热的反应。新材料也有助于叠加制造的普及，也就是大家熟知的3D打印。随着材料以及工艺成为企业的核心竞争力，很多曾经流向海外的制造业将会回流美国，以便更加靠近用户。

新材料也将应用于军事工业，如为士兵提供更为轻便、更加灵活的盔甲。其他技术，包括激光枪和军用机器人也将投入战场。在防御系统制造方面，美国仍引领全球，但是其潜在的对手正在奋起直追。本杰明·萨瑟兰认为，到21世纪中期，西方世界在精确武器方面的垄断地位将被打破。西方还保存的一个希望是文化优势：思想自由也许能让他们的士兵更加有效地使用智能设备来发挥其聪明才智。

其实，这些技术的影响极为深远。利奥·米拉尼预测，他们给人类行为带来的影响可能将超过智能手机和网络。他的笔下描述了一个这样的2050年世界：虚拟现实眼镜取代了智能手机，在与说外语的人交流时它会同步进行翻译，你将不会忘记任何人的名字，因为当你与别人交谈时，所有你知道的关于这个人的信息都会自动显现。他认为技术将越来越接近我们的身体，甚至进入我们的身体。当这一切发生后，人们将更加关心那些从我们身上收集的大量数据，以及收集这些数据的公司将如何使用它们。

社会变革

目前来看，即将出现的各种技术对社会和政策的影响显然是巨大的。这是本书第三部分关注的内容，首先，我们看看史蒂芬·霍金和埃隆·马斯克担忧的领域：人工智能。超级智能机器会对人类的生存造成威胁吗？卢西亚诺·弗洛里迪认为机器并不是问题所在，人类为这些机器创造的环境有可能是症结所在。

虽然存在一些困难，但还是有很大的进步空间。肯尼思·库克耶指出，在一个数据驱动的世界里，目前难以做到的事情将会变得更加容易，昂贵的东西将变得更加便宜，稀缺的事物将变得更加丰富。因此，医生可以使用大数据系统来做诊断，老师将使用数据来针对每个学生因材施教，律师能够更快、更低成本地找到相关的证据和判例。虽然这些以及其他职业不会被技术消灭（我们甚至可能会需要更多的医生、老师和律师），但是人们需要改变自己的工作方法、学习新的技能。

即将到来的数字革命会给发达国家带来剧变，但这并不是技术引起剧变的唯一方式，它给贫困国家带来的变化有过之而无不及。在梅琳达·盖茨想象的世界里，每个妇女都有一部智能手机。这将给包括医疗保健、农业、银行业等带来变革，到 2050 年，肯定可以实现。

这是技术减少世界不平等的一个例子。阿德里安·伍尔德里奇列举了最近一些导致不平等加剧的例子，将来，技术也许能扭转这种情况。例如，技术能帮助我们发现和挑选更有才能的年轻人，而不管其社会背景，给那些原本可能一生默默无闻的人一个发光的机会。无论是在教育领域，还是在健康领域，无论是打击腐败，还是维持社会安定，技术都会为决策者提供强有力的工具。

即将到来的破坏性是如此之大，人们越来越担心这对于工作来说意味着什么。机器是将导致工作“空心化”，还是会创造就业岗位？新的工作岗位能否快速提供给失去工作的人？琳达·格拉顿提出了企业家和决策者在面对未来工作不确定的情况下需要考虑的一些问题，并得出一个结论——企业取得成功的关键是具有适应能力。这就意味着在设计职业阶梯时需要创造性，在培养人才时需要想象力，在进行培训时需要灵活性，并用一种新的态度面对机器伙伴：“工人和他们的机器人同事一起合作将取得怎样伟大的成就呢？”

还记得汤姆·斯丹迪奇提到想象力（以科幻作品的形式）是展望技术未来的工具之一吗？在本书中也包含了一些“想象中的未来”，我邀请两位科幻作家撰写了两篇以2050年为背景的短篇故事。阿拉斯泰尔·雷诺兹和南希·克雷斯写得非常精彩，把技术融入生活，同时提出了一些相关的道德问题，让人感觉非常真实。

充满风险的超级技术

贯穿本书的三条主线，从开始到结束一直交织在一起。第一条反映了本书的主题：超大的感觉。到2050年，技术给我们带来的可能性是巨大的。我们很难不为即将取得如此巨大的成就而感到兴奋。这是一个充满诱人前景的世界：更快、更好、更便宜的服务；能够在更广的范围、更平等地使用这些服务；食物更丰富、能源更清洁、交通更安全；人们更加健康，也有更多的机会。

但就像奥利弗·莫顿在最后一章的深刻总结那样，还是有可能出现很多问题，可能会带来很多人们预想不到的后果，技术的力量可能会被滥用或带来破坏。保持对前方潜在风险的谨慎是本书的第二条主线：超级技术可能变成破坏性的技术（negatech）。弗兰克·韦尔切克提出了“失败模式”的警告，其他人也提到了一些决策者必须考虑的、技术可能带来的问题，每个行业都将面临动乱：各个工作岗位以及以此为生的人都将受到威胁。卢西亚诺·弗洛里迪一针见血地指出了变革的节奏：

> 农业革命用了上千年的时间来完成其对社会的全面影响，工业革命也经历了几个世纪，但是数字革命仅仅用了几十年。这也难怪我们会感到困难和措手不及。

变革加速充满了挑战和机遇。

与超大的感觉、风险交织在一起的是本书的第三个主题：一个经常被人们提及的观点——未来与我们每个人都是息息相关的。科学家、极客、企业家们的创新只是影响技术的一部分。2050 年将如何，还取决于政府的决策、公司的战略以及个人的选择，充分利用超级技术取决于每一个人。

MEGATECH

Technology in 2050

第一部分 基础

第 1 章　预测未来的水晶球[①]

如果要窥探技术的未来，可以从三个方面着手：过去、现在，以及科幻小说中的未来世界。

新的网络通信技术给远程交流带来了革命，使之变得前所未有的廉价和方便，同时也得到了商业世界的热情拥抱，引发了一轮投机泡沫。对于新技术，支持者极力吹捧，反对者则大肆鞭挞。它带来了新的商业模式，也带来了新的犯罪方法。政府极力阻止人们使用加密技术，要求有权掌握所有信息。人们在网上结交朋友、谈情说爱。有人说，新技术将会给世界带来和平，因为沟通能够消除隔阂、团结所有人。这听起来像是 20 世纪 90 年代互联网的故事，实际上，却是 19 世纪中期电报的故事，被人们称为“思想大道”。

当前的技术和 150 年以前的两种技术有着惊人的相似之

① 本章作者汤姆·斯丹迪奇是《经济学人》杂志副主编和数字战略主管，是知名的技术类作家，著有《维多利亚时代的互联网》和《从莎草纸到互联网：社交媒体 2000 年》。

处——都起源于娱乐，又都具有实用性。以史为鉴是我们预测未来的三种工具之一，或者至少让我们的猜测更加有的放矢。

历史之镜

通过这种横跨几年、几十年甚至几个世纪的历史对比，我们有可能预测新技术会给社会和文化带来的影响，更加全面、理性地看待各种炒作和质疑，为预测技术发展走向提供线索，并提醒我们，人类对新技术的各种指责往往源于自身的天性。例如，现在被我们称为“网络犯罪”的技术，在拿破仑时代的机械电报网络中就出现了。一个执法部门的官员这样说：“众所周知，没有哪个群体能够比罪犯更快地用最新的技术来武装自己。”这样的话听起来就像现在说的一样，实际上，却是出自1888 年一位芝加哥警察之口。

当然，这样的对比并不是完美的，历史从来不会重复自己。这种对比虽然不完美，但并不妨碍其为我们提供足够的信息。仔细观察，我们会发现技术的发展，无论是在较短还是在较长的时间尺度上，都有很多重复的模式。

人们经常担心新发明会侵犯他们的隐私。19 世纪 80 年代，第一台柯达相机引发了人们对于被偷拍的恐慌，这与 2013 年谷歌眼镜带来的争议何其相似。18 世纪 90 年代的小说，20 世纪前 10 年的电影、50 年代的漫画书、90 年代的视频游戏，都曾被指责会腐蚀年轻人的思想道德。从 19 世纪的卢德主义者到现代机器人带来的大规模失业，关于新机器抢夺人类工作岗位的恐惧已经持续了几个世纪。人们同样担心有些新技术能让人类成为上帝，如核武器、基因工程、人工智能等。这些都是现代版的普罗米修斯神话——人类是否值得拥有火种。无论这种担心是否值得，充分了解历史上人们对新技术的反应，能够让未来学家、企业家和发明家评估新产品能否被人类接受。

明天重复今天

前面说了这么多历史，第二个瞥见未来的方法就是审视现在。正如科幻小说作家威廉·吉布森所说，“未来已经到来，只是还分布不均”。技术有着异乎寻常的孕育期，有时它们好像是一夜之间涌现出来的，实际上并不是这样。所以如果你能瞄准正确的地方，就能在今天看到明天的技术。这种方法通常被记者和企业人类学家（corporate anthropologist）用来了解新趋势。这种方法可以用来寻找“边界案例”（edge cases）：已经被个别群体或者个别国家采用的技术和方法，并没有在全世界大规模普及。边界案例的一个典型例子就是在世纪之交，智能手机在日本的出现。

2001 年左右，带摄像头和彩色屏幕的手机在日本已经司空见惯。这些手机可以显示有行走路线的地图，用户能够下载电子书、游戏和其他应用程序。记者和分析家蜂拥到日本实地考察这种手机。每当日本人到欧洲和美国展会展示他们的手机时，它们都被视为是从时空裂缝中掉出来的、来自未来的物品。日本之所以提前到达未来，是因为其电信业的独立性和专有性，其国内市场足够大，允许其技术公司能够尝试新技术，而不用担心与其他国家系统的兼容性。这比欧美消费者能够买到同样功能的手机早了几年。有一段时间，《连线》杂志开辟了一个“日本女学生观察”的专栏，专门预测日本女学生（早期智能手机最忠实的用户）今天使用的哪些东西，明天会让其他人纷纷效仿。

边界案例也可能发生在意想不到的地方。例如，肯尼亚长期以来在使用移动货币方面引领世界，人们可以把资金从一部手机实时转到另一部手机，就像发短信一样简单。很多年以前在内罗毕，你就可以用手机支付出租车车费，在纽约却不行。移动货币在肯尼亚的兴起，部分是因为肯尼亚银行基础设施匮乏，从而提供了一个没有历史包袱的零起点。在这个国家，大多数人没有银行账号，来自银行支付系统的竞争压力很小。政治因素也起到了一定作用：2007—2008 年选举后的政治动荡期间，移动货币兴起，并被人们视为一种更安全的银行替代物，因为银行往往深陷于种族争端。

有时是一群拥有共同兴趣的人，而不是某个特定地区的人，会作为先锋尝试使用新技术。这个方面最突出的例子就是技术团体：极客们是新技术的最早使用者，从电子邮件到优步。他们也在其他更广泛的领域充当先锋。例如，技术人员引领了穿戴设备的潮流，所谓“量化自我”（quantified self）运动，就是对自身的健康状况和健身活动进行严格的监测，开始只是技术发烧友的小众行为，后来却吸引了大批其他追随者。

安德森·霍洛维茨公司的风险投资家克里斯·迪克森说，他经常会看看某项新技术或者方法是否会在红迪网（Reddit，一个在线电子公告栏网站）上流行。如果会，说明其已经得到了人们的关注。例如，越来越多的技术人员开始对新型食品技术感兴趣，从全营养代餐（不需烹饪，只要摇一摇）到替代咖啡的咖啡因糖。现在就判断这类东西能否更流行，还为时过早。

诚然，就像历史对比法并不完美一样，寻找边界案例也可能存在风险。一些技术从未能流行，一些却以一种意想不到的方式流行起来。例如，在西方，智能手机开始是跟随日本的轨迹，但随着 iPhone 以及其他触摸屏设备的出现，来了一个大转弯。但不可否认的是，所有最终崛起的技术都要经历一个地下发展的时期，仅限于某个特定人群，并不是凭空而来的。寻找这些边界案例，识别这些新兴的技术和方法，更像是艺术，而不是科学。掌握趋势是很难的，但这是无数咨询家和未来学家的拿手好戏，更不用说那些在不停地寻找新想法和新趋势的科技记者。

从科幻小说中发现未来

第三个可以瞥见未来的地方在科幻故事的想象世界中，包括图书、电视、电影等各种形式。科幻故事经常会有各种有趣的想法，并且用逻辑推理得出一些结论。如果我们能制造通用机器人或者太空电梯会怎样？如果纳米技术或者生物技术不可控了，或者基因工程技术变得如同文身一样普遍，又将发生什么？这些未来的故事为我们提供了一种观察未来世界的视角，在这个世界里，人工智能无处不在，抗衰老医疗技术延长了人类的寿命，在火星以及太阳系其他地方建立了殖民地，或者人类分裂成多个后人类（post-human）部落。很难描绘未来世界会发生什么，埃隆·马斯克将其称为未来的“分支概率流”（branching probability streams）。

但科幻小说并不是纯粹的猜测，它还可以激发技术人员创新的灵感。你在路边随便找一些技术人员，就能发现一个科幻迷。例如，20 世纪 90 年代的翻盖手机似乎就受到了 60 年代《星际迷航》中的便携式通信设备的启发。最近，同样来自《星际迷航》、与电脑进行语音交流的想法，激发了从亚马逊的 Echo 开始的一大波新的计算机设备浪潮，这些设备使用语音作为主要的交互接口，能永远在线并解放人们的双手。几代计算机科学家都是看着艾萨克·阿西莫夫的机器人故事长大的，如今包括马斯克在内的许多企业家，都说曾受到伊恩·班克斯的《文明》（*Culture*）的启发。如同《星际迷航》一行，这些小说描绘了一个后匮乏文明[1]（post-scarcity civilisation），在这个社会中人类与人工智能共同生活和工作。

虽然很多时候科幻小说都在谈论未来，但目的是针砭时弊，反映现实中大家关心的问题，例如，对机器的过度依赖、对环境破坏的担忧等。通过科幻小说中描绘的各种可能性，可以让你更加思维发散地来畅想未来的技术和社会。科幻小说也在无意识中带来限制，因为其描绘的技术发展形式已经被广泛地接受和讨论。以机器人为例，现实中与科幻作品中就非常不一样，如果一味地模仿科幻作品中的形象，将可能导致机器人专家走岔路。所以应该看看 20 世纪中期的经典科幻作品有哪些预测错了、为什么错了，这有助于我们了解现在的哪些预测是错误的。

实战

现在我们有了三个勾画未来的工具：分别从过去、现在以及将来的技术中汲取经验。下面就让我们应用这些工具在四个正在发生的例子上一试身手。每个例子都是本章写作时刚出现的技术，不过都没有得到时间的检验。换句话说，它们都是边界案例。通过对比历史上、当前趋势中以及科幻想象中的技术，我们可以看看它们的前景如何（在后续章节中，我们将更

---

① 后匮乏文明是一种物质、能量、信息都大量存在的社会，在这种社会里，商品、服务、信息都可以被人们无偿占有，货币也将不复存在。——译者注

深入地讨论某些例子，这里的目的仅仅是实战应用一下我们的预测工具）。

虚拟现实

在20世纪90年代，虚拟现实技术曾遭遇失败。当时，技术上还不足够成熟。2016年，虚拟现实又重返舞台，多家公司发布了高端的头戴设备，这些设备使用强大的个人计算机或者游戏机驱动，让穿戴者进入一个三维的、能够替代现实的世界。同时，出现了一些更廉价的技术，这些技术把智能手机与头戴设备适配器结合在一起使用。

现实如何呢？有一个很明显的趋势就是从个人计算机转向智能手机，智能手机正在变成最重要的设备。这样看来，基于个人计算机和游戏终端的虚拟现实设备将只是一个过渡阶段，基于智能手机的设备才是虚拟现实的未来（有些人可能会愿意为高端虚拟现实系统买单，就像他们愿意购买高级音响设备一样，但大部分人不会）。目前基于智能手机的头戴设备还比较笨拙，就像早期的手机一样，但在几年之内，这种头戴设备能变得足够小巧，人们可以日常携带，就像太阳镜或者耳机一样，这样你就可以用虚拟现实设备来看电影、玩游戏或者在火车上参加虚拟会议。

关于未来，技术圈以及科幻作家们普遍认为增强现实将是触摸屏之后，人机交互的又一大进步，增强现实能够把虚拟现实图像与现实世界进行叠加。在科幻作品中，经常有这种将图像叠加到现实的场景，通常用智能隐形眼镜或者脑部植入技术来实现。但历史上的经验教训告诉我们：虚拟现实和增强现实几乎肯定会引发人们对其影响儿童道德的恐慌，就像以前的电影和电子游戏一样。不过技术拥趸可以通过验证研究（commissioning research）的方式解决这个问题，这些研究可以消除猜测，强调这些技术除了在娱乐、沟通和协作方面具有潜力之外，还能用于教育和医学等领域。

自动驾驶汽车

能够自动驾驶（至少有些时候能够自动驾驶）的汽车正在路上向我们驶来。关于自动驾驶目前有两种互相竞争的方案：在现有的汽车上增加自动驾驶功能，为司机提供协助；制造一种全新的汽车，只有自动驾驶功能，这种车可以在市中心作为出租车使用，人们可以使用打车软件召唤车辆。自动驾驶的卡车也正在研发中。

在一个多世纪以前发明汽车的时候，人们忧心忡忡：安全隐患、监管不确定、事故中的责任鉴定、新技术将剥夺工作的担忧等。汽车取代了以马车为基础的交通设施以及相关的工作岗位，但它也为工厂、司机、路边服务站、餐馆以及旅店的工人创造了新的工作机会，并且交通的便利带来了商业的繁荣。换到自动驾驶汽车，卡车和出租车司机的担心有相似的位错效应（dislocating effect），但从长远来看还是有利的。

数学模型显示，共享的自动驾驶出租车可以为一个城市减少大约 90% 的车辆。大多数人都不再需要自己的汽车，停车浪费的空间（占美国一些城市面积的 20%）可用于住房或公园。同时，自动驾驶汽车可以用电力驱动，这样可以减少汽车尾气的排放。通过降低快递成本，自动驾驶的快递车可以极大地扩大对本地产品（如食品）的需求。在发展中国家，数十亿人可能会放弃购买汽车，交通事故及其造成的伤亡事件将急剧下降。就像在 20 世纪汽车重塑了城市面貌一样，历史经验和当前趋势都表明自动驾驶技术将在 21 世纪完成同样的使命。

不过科幻作品在预测自动驾驶技术这方面做得不够好，在科幻作品中为了叙述生动，汽车由人类来驾驶会显得更加刺激，这在将来很可能会成为例外，而不会一成不变。

私人太空旅行

近年来，空间技术的最大进步不是由政府机构取得的，而是私人公司，特别是埃隆·马斯克创办的太空探索技术公司（SpaceX）。它开创了可重复使用的火箭技术，成功地将猎鹰 9 号火箭的第一级降落在陆地着陆台以及远洋无人机驳船上。这是一个重要的里程碑，因为火箭的第一级占到其总成本的 70% 左右，通常都是在发射之后掉到大海里。回收和重复利用火箭的第一级可以大大降低发射成本，从而降低人们通往太空的成本。亚马逊公司的老板杰夫·贝佐斯创建了另外一家与SpaceX竞争的公司——蓝色起源（Blue Origin），主要面向小型的、亚轨道火箭的发射和重复使用。SpaceX公司的火箭目前主要用于将火箭发射到轨道上，并将货物运送到国际空间站，但是马斯克的野心昭然若揭：在火星上建立殖民地，如果地球被灾难摧毁了，那里将成为人类的绿色方舟。

殖民太阳系在科幻作品中是老生常谈，这些作品详细讨论了在火星建立人类殖民地的复杂性，殖民地内部以及地球与火星之间可能产生的政治冲突，甚至已经开始讨论应该在火星以及其他殖民地采用哪种政治和法律体系。另外，对照历史也能为我们提供更多的信息。

一个明显的类比就是英国移民在美国建立殖民地，以及后来他们争取美国独立。还有一些其他的类比也值得探讨，例如，在南极和北极探险的时代，私人探险队一般都比政府资助的探险队更加成功，并有更高的生存率。淘金热的历史可以用来类比计划中的小行星采矿计划。其实，最引人注目的也许是与航空发展史的类比。

20 世纪初，比空气更重的飞行器被人们认为是不可行的。当其被证明可行后，又被人们认为是危险的。从 20 世纪 30 年代开始，航空才发展成为一个行业，最初只为富人服务。到 20 世纪末，乘飞机旅行并不是什么大不了的事，普通大众都已经能负担得起。基于现在的发展速度，可以很合理地假设，在

21 世纪，太空旅行将按照类似的轨迹发展，从被视为疯狂到司空见惯。我们的后代在回顾 21 世纪的前 20 年时会发现，经过了在冷战时期太空竞赛的“假兴起”之后，这是太空飞行真正起飞的时代。

人类基因工程

一组被称为CRISPR（基因编辑）的技术在科学圈内外引起了轰动。本质上，CRISPR就是在基因层面实现了文字编辑器的“查找和替换”功能：相对于以前的技术，它能够以更高的精度进行基因序列的定位和编辑，具有巨大的医疗潜力。例如，可以去除胚胎中引起遗传性疾病的基因，这样人们就不会把疾病遗传给他们的后代。但基因治疗很容易演变为基因微调（genetic tweaking）技术（为了更好的视力、更高的智商等），让“定制婴儿”成为可能。关于如何更好地监管这种技术的激烈辩论正在进行中。

科幻作家已经考虑到了更为长远的可能。如果有返老还童的技术能够让人活上几百岁，那么这会不会变成富人的专利？是否允许人们改造他们的身体，安装上翅膀、鳃或者鳍？与其改造其他星球来让人类生存，是不是改造人类自身让其适应各种不同的环境更有意义？在科幻作品中常见的场景是人类分裂成多个不同的后人类物种。有些人可能想把他们的大脑移植到机器人的身体中，其他人可能更倾向于通过改造自己的身体，从而具有非人类的功能。

在短期内，关于遗传治疗技术的讨论可能会与历史上关于扩大疫苗以及治疗艾滋病的讨论遥相呼应。关于基因自我修改（genetic self-modification）及其扩展到人类是否对自己的身体拥有自主权的讨论，可以看作当前关于医生是否可以协助病人安乐死讨论的延续。在过去的一个世纪里，人权在很多地方得到了扩张，它可能成为下个世纪论战的一部分。

未来在加速前进？

上面只是利用当前趋势、历史案例以及科幻作品预测出来的在未来几十年有巨大进步潜力的四个领域及其相关争论。把这些放在一起可以与 17 世纪中叶的科学革命进行更广泛的对比。那个时代同时涌现了一批以显微镜与望远镜为代表的新工具和技术，以及新的科学和数学方法。自然哲学家（“科学家”这个词是 19 世纪才出现的）意识到他们在很多领域都是那么无知，从物理到生物，从而造就了一个探索和发明的丰收期。

科学和技术的当前状态在很多方面都有类似的感觉，例如，很显然现在人们对于基因和人工智能原理的理解还处于起步阶段，需要几十年的工作来进一步探索。就像 17 世纪数学理论的进步在很多领域给科学家带来帮助一样，今天信息处理技术也是如此，如大数据技术和机器学习系统等。

以前互相没有交集的领域也有很大的交叉发展的潜力。例如，基因技术让生物学和医学与信息科学进行融合。目前，跨界研究快速发展，并且是双向发展的，一方面是神经科学与脑结构，另一方面是计算机科学与人工神经网络。

这种快速发展在某些方面是前所未有的，但在另外一些方面又感觉似曾相识。我们有很多新的领域需要探索，并且需要开发探索这些领域的新工具。两位科幻作家——金·斯坦利·罗宾逊和查尔斯·斯特罗斯在他们构想的21世纪未来中把新兴的科学革命称为“加速带”。

当然，人们不可能精准地预测未来将怎样发展。如果你从正确的领域开始观察，还是有可能做出一些有根据的猜测的。

第 2 章　未来技术的物理基础[①]

基础物理的进步将为物理与技术的关系带来质变，并开创一个新局面。牢固的基础能够让我们更清晰地认识到机会和挑战。光明的前途就在前面，但同时也潜伏着危险。

基础物理学在限制技术发展的同时，也带来促进作用。从理论上说，这也是正确的，因为很多技术都体现在机器和建筑等物理实体上，这些实体必须遵守物理规律。但是在大部分历史中，几乎在所有的技术领域，基础理论和实际应用的关系都不是那么紧密。例如，有些罗马时代的杰出工程——道路、渡槽和斗兽场，正如维特鲁威在《建筑十书》(*De Architectura*)中所说：这些成就的取得都是靠长期积累的经验，并且这些经验都已经成了约定俗成的行规。例如，我们发现，关于建筑材料选择和制造的详细说明，某种程度上像我们今天的复合材

---

① 本章作者弗朗克·韦尔切克是麻省理工学院物理系赫尔曼·费什巴赫讲席教授。因其在读博期间和导师戴维·格罗斯发现了量子色动力学中的渐近自由，于 2004 年获得诺贝尔物理学奖，著有《一个美丽的问题：寻找自然界的深层设计》。

料，但我们并不能认为这就是系统的材料科学。同样，罗马建筑中的中心主题——拱，已经成为一种模板，但并不是从数学的角度来解决负载和承压的问题（其实基于圆形的拱模板并不是最优的方案）。

今天，基础物理与技术之间的联系更加密切。值得注意的是，现在的微电子与电子通信能够以前所未有的速度处理和传输信息，这在几十年前都被认为是不可思议的。如果没有量子理论对于物质和光（包括无线电、微波以及其他电磁波谱）的深入、可靠的理解，这些基础支撑技术基本是不可能存在的，不管人们进行多少捣鼓或者所谓的“创新”都无济于事。

在本章中，我的主要目的是研究基础物理的发展现状，因为它与未来 50 年可能出现的技术息息相关，同时也为未来指明方向和机会。

从神秘到精通

首先让我开宗明义地提出自己的中心论断，随后我将对其进行解释：

> 今天我们有准确的、完整的方程来为核物理、材料科学、化学以及所有合理形式的工程提供基础。

因此，理论上，对于所有这些应用的研究，我们都可以通过求解相应的方程式来进行，用计算来替代实验。这在人类历史上代表了一种质的飞跃。这种飞跃产生于 20 世纪，主要是因为量子力学的巨大进步。

为了支持我的论断，回顾一下历史也许能够带来一些启发。

在 20 世纪初，自然世界里有很多基本的、很重要的特征无法用基础物理学进行解释。化学家根据经验推导出了元素周期表，还绘制出了分子的几何形状，特别是苯和其他有机物的环状结构，并成功地用于发现新的分子和化学反应。但是当时已有的物理定律不能解释稳定原子的存在，更不用说分析它们的性质以及化学键的构成方式。同样，基础物理定律对于解释材料的基本性质，如导电性、强度和颜色等也无能为力。太阳能量的来源也完全是个谜，开尔文爵士计算的太阳冷却速度，与达尔文的进化生物学完全对不上。生命活动（代谢和繁殖）和思想（认知）这些基本现象是身体正常活动的结果，还有其他额外的“重要”因素？这在当时是一个没有答案的问题。

在过去几十年里，所有这些问题都有了让人信服的答案。这些问题并不是直接解决的，而是得益于牛顿所说的“分析与综合”法，现在这种方法经常被贴上“还原论”的半贬义标签。通过这种方法，我们可以深入了解物体各基本结构的属性和相互作用（分析），然后利用这些知识从数学角度推导出更为复杂的属性（综合）。

现在回想，我们可以确定 20 世纪初的两件事是物理学发展的关键。一是 1897 年汤姆森发现了物质里面广泛存在的电子。电子有显著的特征，所有电子无论在何时何地观察都是一样的，因此它们是典型的“基本粒子”。因为电子遵守完美简单的方程，它们至今还被当作基本粒子。电子还在化学中起到关键作用，当然电子学也是。

另外就是1900年马克斯·普朗克引入的不可分的能量单位，也就是量子，量子的大小就是普朗克常数h（理论公式，普朗克常数=时间 × 能量）。普朗克在讨论辐射热力学时引入了这个常数，他对常数的使用也局限于此。1905年，爱因斯坦根据普朗克理论解释了光是以很小的不可分的粒子进行传输的。今天，我们称这种粒子为光子。光子是第二种基本粒子。普朗克–爱因斯坦理论消除了光与其他物质之间的区别，认为它们都是由基本粒子组成的。这个理论已经经受了时间的考验。在本章其余部分，当我提及“物质”的时候，光也是包含在内的。

接下来的一大进步是发现了原子的物理基础模型，这发生在1911—1913年，包括了理论和实验两方面。1911年，汉斯·盖革和欧内斯特·马斯登在欧内斯特·卢瑟福的建议下，研究了快速移动的阿尔法粒子轰击金箔时产生的偏转。金箔给粒子带来意想不到的大偏转，让卢瑟福认为金原子大多数的正电荷以及几乎所有的质量都集中在一个很小的核心区域，也就是原子核，其占据了原子体积的千亿分之一。从卢瑟福的实验中，可以想象到电子被电场力束缚在原子的核心。但是这个场景与已知的物理规律不相符，无法解释电子为什么不被核吸引而螺旋坠入其中。玻尔于 1913 年提出，电子只在一些特定的轨道上运行，这与牛顿的经典力学原则公然相悖。玻尔的理论把当时应用于光子的普朗克常数引入对电子的描述。

玻尔模型是如此直接简单，当它应用于氢原子时获得了巨大的成功，被爱因斯坦称为“思想领域最高的音乐神韵”。但是玻尔模型并不能以公式的形式解释其他问题。它本身以经典理论为基础，但又与牛顿的宏观力学原理矛盾，无法把玻尔的理论总结为具有数学一致性、能广泛应用的公式。

在接下来的十几年中，多个物理学家为解决这个问题都做出了重要的贡献，在这里我简单地介绍一下。1925 年，沃纳 · 海森堡从粒子的角度建立了描述电子的统一方程（矩阵力学）。1926 年，薛定谔从波的角度建立了描述电子的统一方程（波动力学）。刚开始海森堡的方程与薛定谔的方程之间并没有关系，但 1926 年保罗 · 狄拉克证明了它们在数学上是等价的，并且都可以从一个更普遍的、更通用的公式推导出来。狄拉克的数学公式能够把电子和光子统一在一起，他创建的量子电动力学（QED）主要研究电子与光的相互作用，成功地从更大的范围对物理现象进行解释，1929 年他称：

> 大部分的物理学和全部化学的数学理论所需的基本物理定律都已知了，唯一的难点是这些定律应用带来了复杂得难以求解的计算方程。

当然，这个断言就是本章一开始提出的中心论断的起源。

在 20 世纪 40 年代，原子物理实验达到了更高的精度，需要新的、更精确的方法来求解量子动力学的基本方程，更严格地检验该理论。理查德 · 费曼、朱利安 · 施温格、朝永振一郎、弗里曼 · 戴森等人提出了新的方法，能够让量子动力学在更大的范围内解释电子的运动规律（包括所有相关的化学以及工程学），精度是以前方法的 10 亿倍。

通过这些理论成就，原子的外部结构已经能被人类充分了解，但是原子核仍然保持着神秘性。20 世纪 70 年代出现的亚核作用力理论，即所谓的强相互作用和弱相互作用，于 90 年代被严格地论证测试，从而成为今天我们使用的“有效理论”，这里不再详述。

对世界进行编码

当普通人听到物理学家说他们的基础理论很“简单”时，总是会感到不可思议。现实中只有很小一部分人能够理解这些理论，任何人要理解这些理论都需要多年坚持不懈地学习、思考。但有一个明确的、基本的标准——理论必须是简洁的，认识到这一点很重要。这是本章前面提出的中心论断的一个重要补充，解释了其中“完整”一词的意义。

基本的物理公式可以编写成一段简短的计算机代码。按照计算机指令，时间足够的话，并不需要额外的外部输入，就可以计算出确切的结果。

但是据我所知，实际并没有人编过这样的程序。这也许是一个有趣的练习，我估计使用高级编程语言，例如，Mathematica（一款科学计算软件），只需要几百行代码就可以了。不过需要注意的是，所谓有效编码（能够在应用中对公式快速求解）完全是另外一个不同的问题，有可能是没有答案的。

物理学的三个基本原理

按照目前的理解，物理学的基础被概括为四大相关的核心理论，代表了四种基本力：重力、电磁力、强力和弱力。它们组合在一起通常被称为标准模型，从中能体现并推导出三个基本原理：相对性、规范不变性（也被称为局部对称性）以及量子力学。

这些原理中的两个——相对性和规范不变性都是对于对称性的描述。这里的“对称性”是指“变换保持不变”，或者更优雅地说是“不变之变”（change without change）。圆形能很好地解释这个概念，我们可以围绕圆心旋转来对圆进行变换，圆上的每个点都在移动，所以这是一个真正的变换，但是圆作为一个整体并没有改变。同样，狭义相对论的核心假设是，我们可以以恒定的速度来变换物理世界中所有物体的属性（从而改变我们观察到的物体的速度），但保持这些物体所遵守的物理定律不变。规范不变性涉及更多我们不熟悉的属性（相对于“速度”这个属性来说），但是表达的思想是一样的。这就是物理定律的不变性，这样我们就可以让物理定律在不同情况下都表现相同的结果。

第三个原理——量子力学是一个广泛的框架，而不是一个具体的假设。这方面它类似于经典（牛顿）力学，告诉你物体在力的作用下如何运动，但不告诉你力是什么。量子力学在细节上更加模糊（这里我是指动态变量的替代选择和所谓的顺序不确定性）。因此，在我们的核心理论出现之前，量子力学在一些特定的物理问题上总是需要进行猜想。但是核心理论总是要求唯一的答案，下一节我会深入地讨论为什么会这样。虽然并不是所有的人都认可这样，但是我觉得，公平地讲，只有从核心理论的角度，我们才能准确地理解什么是量子力学。

结果证明，很难找到一个统一的公式把相对论与量子力学的理论结合起来。研究这一领域的是相对论性的量子场理论（relativistic quantum field theories），包含了很多定义不明确的基本量或者无限量。只有精心地进行组合，消除无限量，才能用于物理世界建模。为了得到这些，我们必须用非常特殊的方法来确定量子力学的框架，才能消除所有的不确定性。这些用于解释基本原理的理论很难被发现，因为它们并不太一致。但这些也给我们带来了明显的好处，让我们能找到非常精确的公式和方法，这些公式非常有用，因为它们对于变化能够保持一致性。

新原理

从基本原理得出的两个结论也很基础、很重要，虽然本章只是一篇简介，但还是值得一提。

自然世界中的主要物质是空间填充（space-filling）、持久场（persistent fields，如时间填充）。粒子，如电子，是相应的场的激发态。所以所有的电子都有相同的性质，不管在何时何地遇到它们，因为每个电子都是同一个场的激发态。所有电子（以及其他基本粒子）的精确相同性是非常重要的。19 世纪工业技术的一大进步就是开发了通用的可互换件，这就可以进行大规模的生产、组装和维修。正如我们所知，化学、生物学以及工程学都依赖于大自然能够提供丰富的可互换件。

当电子与原子核结合在一起组成原子，或者夸克与胶子结合组成质子时，所得到的物质具有独特的、稳定的结构，除非施加强大的能量，否则很难对其进行拆分（这与基于经典力学的系统形成鲜明对比，例如，太阳系可以吸收任意小的能量，只需以微小的结构变化为代价）。这种“量子审查”（quantum censorship）意味着我们可以在适当的环境下（如没有太多的能量时），将原子或者光子视为一个黑盒子，其内部结构是被隐藏的。例如，当我们设计晶体管时，不需要去考虑夸克和胶子。

基本原理的这两个新特性能够让我们逐步建立自然的统一，可以使用统计的方法来处理大量的（不可区分的）实体。

这样，化学家和工程师的很多实际操作就有了坚实的基础，就如同从更深层次“还原”出来的结果一样。

构造单元

基本粒子学的标准模型把质子和中子描述为原子核的构造单元，电子填充在原子的大部分空间，原子组合成分子和物质。为了充分体现这种结构的艺术性，需要对基本粒子学说进行一些改进。

第一，如前所述，我们已经认识到将光与物质分开是不自然的、没必要的，因此要把光子加入进来。

第二，我们不能认为质子和中子就是物质的基础组成成分。实验表明，质子和中子都是复杂的物体，具有精细的内部结构。质子和中子是由更基本的粒子——夸克和胶子——组成的。所有已有的证据都证实夸克和胶子遵守前面提及的量子色动力学（quantum chromodynamics，QCD）的简单公式。有两种重要的夸克，被称为上夸克（符号 u）和下夸克（符号 d）。

第三，我们必须把中微子（电子中微子）加入进来。这些粒子在太阳内部进行核反应时产生并发射出来，并且被应用于各种核技术（包括医学诊断、某些形式的放射治疗、核反应堆以及核武器）。

有了电子、光子、胶子、上夸克、下夸克以及（电子）中微子作为基本组成部分，我们就足以构建一个满足本章中心思想的“有效理论”。它包含的基础成分比传统元素周期表更少，拥有更精确的操作手册（其基础公式），并能涵盖更为广泛的现象。

正如前面所讨论的，我们的“有效理论”具有一些已知的局限性，但是在可预见的将来，这些局限性似乎并不会给任何重要的技术带来影响。

宇宙资源

过去的几十年是物理宇宙学的黄金时代。宇宙大爆炸理论（宇宙的历史从一个高度均匀的、温度极高的奇点大爆炸开始，通过引力的不稳定性产生结构）的证据越来越明确并取得了压倒性优势。本章并不太适合来介绍大爆炸理论，但是其带来的两个结果与本章的中心论断特别相关，因此值得在此说一下。

“有效理论”告诉我们物质有哪些不同的形式，但它本身并没有告诉我们哪些物质是可用的。根据大爆炸理论，宇宙早期非常热，这就意味着原子核由原始的夸克和胶子混合凝结而成，并且我们可以计算在宇宙早期、星系形成之前不同化学元素的浓度。计算的结果表明，绝大多数都是氢和氦。较重的元素在恒星内部形成，然后随着超新星爆炸中恒星的灭亡而消逝。根据这种场景，我们对于今天在宇宙中发现的物质能有一个很好的解释。基础物理理论与观察之间的这种互相印证进一步加强了我们对理论的信心，甚至有信心把这些理论应用到化学、生物学以及工程学之外的领域。

然而，天文学家也掌握了另外一些令人信服的证据，表明基于电子、光子、夸克和胶子的普通物质只占宇宙重量的 4%，剩下的都被归类为暗物质（约 25%）和暗能量（约 70%）。目前只能通过它们对普通物质的微弱（但在不断累积）引力作用，暗物质和暗能量才能被发现，因为暗物质和暗能量与普通物质的相互作用非常微弱，甚至很难被检测到，很难想象技术能如何利用这种资源。

其他问题

日益复杂：新的加入者

“分析与综合”法或者还原论方法最具决定性的实验是在大型粒子加速器上完成的，如欧洲核子研究组织（CERN，欧洲的粒子物理实验室）的LHC（大型强子对撞机）。利用LHC，质子被加速到巨大的能量并相互碰撞。这种碰撞产生的能量密度远远大于地球上（或者就我们目前所知，在宇宙中任何地方）自然产生的能量密度。这让我们能够用更精确的数据来检验基础作用力理论，这比在实际应用中遇到的条件苛刻得多。

对于我们来说，这项工作有两个重要的结果。对于“有效理论”来说，有好消息，也有坏消息。不过坏消息是表面的，好消息才是本质的。

首先，我们看看坏消息：我们的“有效理论”极其不完整。为了更好地解释我们在加速器上观察到的所有现象，需要增加四种类型的夸克（奇夸克s、粲夸克c、底夸克b、顶夸克t），两种较重的类电子粒子（渺子μ、陶子τ）以及各自对应的中微子，两种重的、类似光子和胶子的粒子——W玻色子和Z玻色子，以及最近发现的希格斯粒子。

因此坏消息是，虽然看起来我们与真相很近了，这中间却有着意想不到的复杂性。

我们再来看看好消息：真相的复杂性有助于我们完善有效理论的原理，并且不会有损于其实际应用。对于新粒子的研究为我们提供了很多机会用新方法来测试有效理论的通用原理：相对论、量子理论和局部对称性。事实上，这些原理预测了在不同情况下产生粒子的速度、衰减后的情况以及其他细节。到目前为止，这些预测都无一例外地被证明与现实是吻合的。这样我们就能够更有信心地做出另外一个预测：这些粒子在正常环境中（非加速器）的影响是可以忽略的。

因此好消息是，我们在有效理论之外新加入的粒子能够很好地被量化解释。从这些粒子上观测到的行为增强了一般原理的有效性。但这些粒子都是难以产生的，并且大部分（新的中微子除外）极不稳定。因此它们的实际影响是可以忽略的，过去如此，将来也肯定如此。

量子理论的质疑，量子引力

很多量子理论的先驱，特别是普朗克、爱因斯坦和薛定谬，对于其成熟形态不太满意。他们对于量子理论中天生就有的概率性感到不舒服，量子理论认为在亚原子世界中进行“完美”的测量（不会影响被测量系统的测量）不仅太理想化，并且在物理上是不可能的。量子理论的这些特征似乎破坏了客观世界这个概念，以前我们认为客观世界包含各种确定性的对象，并且根据确定的规律演变。

后来的几代物理学家，大部分人在量子理论上都不再争论。量子理论不断地得到新实验的验证，获得了很多新的进展。另外，“退相干”（decoherence）等相关技术解释了宏观物体，特别是宏观物体的确定性行为是如何从微观世界的量子行为中产生的。但即使在今天，还是有一些著名的物理学家认为量子理论的基础存在一些问题（我不这样认为）。量子计算机的设计就是利用了量子理论中最奇怪、最玄妙的一些特征，如果最终意外失败，那就非常有意思了。

其实，调和引力理论、广义相对论与量子力学基本原理的困难被人们故意夸大了，因此需要更为客观地看待这些争论。在实际操作层面，三者其实是不存在冲突的。天体物理学家与宇宙学家经常成功地通过计算来解释物理现象，其中引力理论和量子理论同时发挥了作用。纵观他们的整个工作，没有明显的分歧。

不过，如果我们试图把公式应用于大爆炸最初时刻可能发生的极端条件，或者黑洞的内部，则会出现问题，公式只有奇解（singular）。在小黑洞的内部，量子理论同样存在计算求解的困难。

如果人们能够识别和观察到任何具体可观察的、带有量子引力真实特征的现象，那将是一个可喜的成就和重大的进步。到目前为止，尽管人们进行了广泛的研究，也吸引了强烈的关注，并有着极为诱人的名利前景，但还没有人挑战成功。

臆想之事

理解基本理论的作用之一，是能够让我们免于陷入无效的想法，无法自拔。这里我想提一下在大众媒体中曝光度很高，但与基础物理不太相符的三种潜在的"技术"。当然，也可能会有惊喜，自然界是最终的裁判。但是如果按照这些方向发展，会让我们抛弃至今一直运行良好的理论。

- 超光速信息传输与广义相对论相悖。在存在强引力场的极端情况下，时空可能会扭曲，并且可能存在连接其他远点的近道（虫洞）。但是就像我下面将讨论的一样，利用虫洞似乎远远超出了现有技术的应用极限。

- 超距离作用，就像占星术中描述的那样，不在我们的标准模型范畴内。不巧的是，它们也与我们科学长期积累的经验背道而驰，一旦我们采取一些常规的预防措施，与外部世界进行隔离，即使经过精心设计的实验，也难以产生可重复的结果。

- 超感知能力、心灵感应、透视能力等精神力量，或者类似于与物理基础脱离的“意识”等相关概念，都是臆想。在今天的基础物理学中并没有它们的一席之地，即使在最精确的测量中，实验者也没有发现他们自己能被别人的思想影响。

机遇

模拟现实世界

我们可以期待这么一天，也许在不久的将来，计算机可以为核物理、天体物理、材料科学以及化学做它们今天已经为飞机设计所做的工作一样，来补充或者彻底替代实验室中的实验。

我们的强相互作用理论——QCD的最新发展为我们指明了一条道路。QCD理论的初步验证源于其在极高能量下对其过程的精确定量描述，在高能量条件下，该理论的行为被简化了。核物理学虽然是激发大家进行强相互作用研究的第一个领域，却是一块难啃的硬骨头。人们投入了大量的精力，用分析的方法来求解QCD公式，但目前最成功的方法是把公式转换为可以在计算机上运行的模型，然后让计算机来运算。现在我们可以对未来进行一些预测，当核物理达到原子物理学今天所达到的精度和通用性，我们就可以通过改进的核化学获得比今天的反应堆（或炸弹）更小、更易控制、更通用的超稠密能量体。

计算将越来越多地取代发明了各种有用的催化剂和药物的实验，极大地提高效率，并为创造性的探索开辟一条新路。

现在技术遇到的一些问题很多都源于材料的性质：更高效的电池（提供能量）可以为机器人带来革命；更高效的光伏发电材料能够缩短大规模使用太阳能的过渡期；室温超导体可以实现无摩擦轨道运输；高强度的材料能够让我们建造太空电梯，把地球和太空连接起来，又便宜又可靠。在这些以及更多的重要应用中，对关键材料进行相对较小的改进就可以带来翻天覆地的变化。我们能做到吗？答案就在我们的公式里面，但为了求解它们，我们必须进行计算。

这里涉及两个问题：硬件和软件。已经经历了 25 个周期①的摩尔定律（见第 4 章）分别为普通人和物理学家带来了通用的与特殊用途的具有超强性能的计算工具。指数级增长的速度正在放缓，集成电路中的器件数量不再每两年翻一番，因为当器件达到原子尺度时，就会受到新的物理规则的制约。尽管如此，我们仍然可以预测在未来几十年内还是至少可以继续发展几个周期的，即使现有的半导体技术不会发生巨变。

---

① 从 1965 年摩尔提出摩尔定律到 2015 年是 50 年，而摩尔定律指出硬件性能每两年翻一番，所以是 25 个周期。——译者注

目前，还有其他几个有前景的新方向。如今绝大部分的信息处理还是基于电荷（包含在电子里面）移动来实现的。但是电子的移动比光慢得多，并且它们的运动会产生热量，这为降温带来很大的麻烦。光已经被用于长距离的高密度信息传输，这需要进行从电子编码到光编码的互相转换。现在光转换器的效率越来越高，也更加通用，并且可以演变为独立的“光子”计算机。

量子计算机更具革命性的前景，其以量子系统之间的微妙关联（纠缠）的形式对信息进行编码。原则上，这些关联具有非常丰富的结构，所以能够存储和操作超高密度的信息。遗憾的是，纠缠之复杂，无论如何夸大也不为过。在未来，似乎可以找到几种开发和利用它的技术，但目前只是在酝酿中。如果能够制造大型的、实用的量子计算机，它们应该非常善于解决量子力学中的问题，揭示本章中心论断的潜能。

另外一个方向是从生物学中寻找灵感。现在主流计算机本质上都是二维的，都是基于芯片的，这些芯片必须在严格的净室条件下生产，任何错误都是致命的。如果被损坏，它们将无法恢复。人类的大脑在这些方面有所不同：它是三维的，可以适应杂乱无序的环境，并且可以在受伤或者出错时继续运作。在保持半导体技术高密度、高速度以及可扩展性的特征的同时，我们强烈地希望能让半导体获得人类大脑的这些特性，目前，没有明显的物理障碍阻止我们这样去做。

高效算法都是充分利用了所针对问题的特性，这类算法的提出是一个内在创造的过程，很难推广到一般性问题。关于软件开发，在这里我只提一个特别需要注意的方面。为了保持摩尔定律继续有效，特别是最近几个周期，人们投入了大量的工作用于设计复杂的软件和CAD（计算机辅助设计），这些软件和工具通过分析新环境下基础物理带来的影响，让工程师可以探索和完善制作电路原件（如微型晶体管）的新方法，从而优化电路结构。这样就得到了一个强大的正反馈循环，计算能力的增强能够更好地进行计算机设计，而计算机设计能力的提高又带来更强的计算能力。随着人工智能越来越复杂，我们可以期待会有更多类似的正反馈循环，这些性能更强（并且自主能力更强）的计算机将创造出更多性能更强大的计算机。

扩展现实世界

基础物理学告诉我们，这个世界上还有很多可能存在，但目前没有被我们认识的重要领域。下面，我将介绍几个可能性最大的领域。

最近，由加州理工学院和麻省理工学院共同运营的LIGO（激光干涉引力波天文台）公布发现了引力波信号，这是由两个质量相当于几十个太阳的黑洞合并在一起而形成的。设计LIGO的目的是检测几对反射镜之间距离的微小变化，相关的数字有些令人难以置信，反射镜之间相距 4 公里，并且它们之间距离的预期改变小于质子直径的千分之一。各种各样的因素可能会触动镜子，但是引力波能够产生独特的变化模式，所以其信号能够从噪声中被分辨出来。这个观察是50年来持续努力的结果。当然，如果没有基础物理指导我们期望看到什么样的信号，以及如何测量这样微小的距离变化，那将是不可想象的。另外，值得一提的是，这种灾难事件产生的微小时空扭曲，将葬送工程虫洞（engineering wormholes）、曲速引擎（warp drives）、时间机器及其他梦想。

引力波为我们在宇宙中打开了一扇新窗户，能够让我们探索宇宙中被隐藏的时空以及各种灾难性事件。为了发挥其全部潜力，我们需要在太空中安装百万公里的精密仪器阵列。

让我们回过头来看看自身，人类的感知能力还有很多没被利用。以视觉为例，到达我们眼睛的电磁信号包含无穷的、连续的一段频率，也有偏振光。我们所认为的“颜色”是对一个单一倍频（octave）进行的粗略哈希编码，光谱被采样过滤，只剩下三个区域，偏振光被丢弃了。很多动物能够进行精细的采样，并且对于红外线和紫外线都很敏感。人类对于声音的频率能进行更精细的分析，能够分辨琴声中很多不同的音调。

关于我们的自然环境，也能提供有价值的信息，更不用说在数据可视化以及艺术方面的可能性。现代微电子学以及计算机让我们看到了获取这些信息的希望。通过适当的转换，我们可以把这些信息编码到现有的通道中，形成某种类型的诱导通感（induced synaesthesia）。这样我们将极大地扩展人类的感官系统，为人类打开感知的大门。

通过使用更强大的传感器和驱动器，“出体体验”（out-of-body experience）将变得更加引人注目。很容易就能想象到其将给我们带来的各种精彩的可能性：待在家里就能进行随时随地的沉浸式旅游。脆弱的人体不适合深入太空环境，但我们的意识可以任意遨游。通过机器人探测器，天文学将获益匪浅，相比于把脆弱、易病的人送入太空深处，虚拟远程呈现（virtual telepresence）以及合适的生物植入更为现实。

生物学的启发

如果我们接受本章的中心论断，那么生物学可以为那些看起来很模糊的事物提供“存在性证明”。我在前面已经提及具有复杂三维结构、能自我组装及自我修复的信息处理器。这看起来似乎有点不太可能，但是我们大多数人的大脑就是具有这些特性的实例。同样，基于慢速、不可靠的电路器件进行海量数据流的高度并行、快速处理看起来也是一个遥远的梦，但是人类的视觉系统就有这样的功能。

当然，生物学当年还启发了约翰·冯·诺伊曼设计自复制“通用构造”系统。他设计的计算机结构已经成为改变世界的技术基础，与之不同的是，自复制（以及能进化的）机器目前仍然只存在于学者的脑海里。但人类自身为这种机器的潜力提供了可行性证明，我们在分子水平对自然的理解有了很大的进步，对信息流和物质流的控制能力也得到了提高，特别是3D打印（见第10章），是时候激活这个伟大的构想了。

相反，人类作为物理性的存在，自然界中的物质，本身就表明衰老或者疾病是与生俱来的。我们对于物质基本层面的理解和监控能力，应该能够让我们弥补这些缺陷。在现实中，它们带来了一系列具有挑战性的问题，将继续启发我们在显微镜（大家已经熟知）、数据分析（可以进行复杂的诊断），以及分子工程（可以进行复杂的治疗）等方面前进。

总结：失败的模式

随着对于物质的理解不断成熟和深入，我们有更多为人类服务的机会。基于我前面提到的那些理由，作为一名物理学家，我有信心断言，我们对于世界如何运转的深刻的新认识，为我们创造更高水平的物质文明和精神文明指明了令人振奋的前景。我们知道哪些是可能的，也能预想到还有哪些工作需要去做。

在结束本章之前，我觉得还是很有必要给出一些提醒。

由于现代技术能够对已有或者新获得的知识进行妥善的保存并广泛传播，人们不可避免地会去想，技术的发展甚至最终人类的历史是不是可以避免出现严重的倒退？历史的发展可能不均衡，但退步是不是就不会发生了？

是这样吗？对于我来说，现代技术本身带来的三种风险特别让人忧心：核战争、生态崩溃，以及人工智能战争。

对于和平的习以为常，以及 70 多年来的好运，不应该让我们远离对于核武器的恐惧。现在还有 9 个不同的国家控制着几千枚核武器。就像奇爱博士（Dr. Strangelove）说的那样："看好导火索！"

另外一种风险是由人为因素引发的气候改变造成的生态崩溃。部分由于政治原因，大气中的碳污染不断加重，一种可行的应对方法可能需要耗费几万亿美元的资产，来自资产持有人的抵制难以取得突破。人类是否能足够成熟和聪明地解决这个潜在的问题，还是一个未知数。

无论是人类，还是人工智能，都逃脱不了大卫·休谟的观点：对于道德问题，使用逻辑或者科学方法，都无法从"是什么"推导出"应该是什么"。他的著名结论"理性是且只应该是激情的奴隶，除了服从激情和为激情服务之外，它不应该扮演任何其他角色"。

自主智能体（如类人机器人）的创造者将对其潜在的目标和动机进行设置，有可能通过明确的编程，也可能隐含在设计目标里面，这就是他们的"激情"。很多人工智能的设计方案都是旨在为人类提供坦诚、友好的服务。这些可以通过自主智能体来实现，因为它们的目标和动机就是坦诚和友好。但是如果将高级人工智能用于军事目的可能带来很多问题：想象一下机器人军队，或者更普遍的高度自动的武器系统，如奇爱博士的末日机器，设置成不需要人为干预就能感知威胁并采取应对措施。我们可以预料到，人类设计的具有怀疑性和侵略性的超级智能体，将以意想不到的方式表现出它们的怀疑性和侵略性。拥有这些智能体的人群将陷入疯狂的战争，以整个人类以及文明的毁灭作为代价。

第 3 章　生物技术的潜能[①]

从制药到生产，生物技术将为个人、企业和经济打开一扇充满无限可能的大门。

2050 年，《经济学人》杂志也许会直接投射到你的大脑里。DARPA（美国国防部高级研究计划局，美国国防部下属的军事研究机构）希望在数字设备与人的大脑皮层之间建立一座桥梁。这个耗费 6000 万美元的项目有一个宏伟的目标：让大脑具备通用的数字输入输出功能。很难预料这种整合最终会产生什么，但有一点很明确，生物学的未来并不限于我们今天想象的样子。电子器件与生物计算紧密的、直接的融合，能够为生命和非生命的潜能拓展新的、无法预测的前景。

DARPA 的开发经理有时把这个神经接口称为“大脑皮质调制解调器”（cortical modem），该项目是建立在将人类神经元

① 本章作者罗伯特·卡尔森是一位科学家、企业家，著有《生物技术：生命工程的任务、危机和新方向》一书，是生物经济资本公司（Bioeconomy Capital）的总经理，并担任战略和工程咨询公司——生物干燥（Biodesic）的首席顾问。

链接到电子设备的大量临床实验的基础上的。耳蜗植入和人造视网膜已经被应用了很多年，用于恢复患者的听力和视力。临床实验中，植入大脑的电极阵列已经用于对损伤脊髓的神经信号进行路由，并且能够实现神经对机器人肢体的直接控制。在某些情况下，这些神经假体已经能够让截瘫患者再次行走。

即使研究人员在建造“无敌女金刚”（bionic woman）方面取得实际进展，这种颠覆性技术本身也正在被颠覆。电子义肢修复技术将很快面临生物组织再生和移植技术的挑战。组织工程师正在生产或者“种植”可移植的内脏、骨骼和结缔组织。这些创新技术中的一部分还在实验室里面，但其他的已经应用于临床，包括膀胱、髋关节、阴道、气管、静脉、动脉、卵巢、耳朵、皮肤、膝盖半月板、受损心脏的补片等。

生物组织的制造方法越来越多，使得该领域的进步在不断加速。正如皮质调制解调器将扩展生物潜能（包括直接访问计算机）一样，数字计算机的成果也能为细胞控制提供新的手段。对将来的器官工程师而言，以前被限制在培养皿里面把单个细胞培养成组织，现在可以使用3D打印机将细胞准确地放置到器官形状的支架上，就像汽车、飞机或者智能手机外壳里面的部件一样。我们的身体，作为一种特殊的外壳，很快就可以用新的组织替换病变或者坏掉的组织。我们的“湿件”[①]（wetware）将具有可升级性。

制造替代组织只是可再生医学作为一个能初步提高生活质量的学科的第一步，将来其能得到更大的拓展。在我看来，在未来的几十年中，针对衰老的分子机制的疗法将逐步增多。可能永远不会有那么一天让我们能说“我们完成了”，但随着时间的推移，影响力将会不断地累积和叠加。

除了解剖和药物干预之外，人类很快就可以编辑自己的基因。首先，我们将尝试消除人类的某些疾病，从那些相对容易识别的遗传变异引起的疾病开始，如 β 地中海贫血、亨廷顿病、镰状细胞性贫血等。接着，我们将降低人类患上阿尔茨海默病、各种癌症和心脏病的风险。

现在很多观察家担心在实验中把基因改造技术应用于非存活的受精卵，但其影响比是否直接修改后代的基因组更直接。个人将很快能够有机会根据自己的需要改变自己的基因组。我们很容易就能为此列出一堆理由，如人类希望通过修改基因组来改善他们的健康状况、精神和身体状态以及外貌。我们将面临几十年的伦理方面的大讨论，讨论在基因改造这条路上我们应该走多远，以及谁有权力使用这种技术或者禁止使用这种技术。

① “湿件”一词的起源尚需考证，20 世纪 50 年代被用于指代人类的脑力，与硬件、软件对应。1988 年因鲁迪·卢克的著作《湿件》而广泛传播。——译者注

不管这场辩论的过程如何，实际需求将引导技术快速被采用，这可能比规则制定者做出决定来得更早。这种需求根植于人类想通过技术增强自身精神和身体潜力的愿望。这种愿望在我们身边随处可见，如整容手术、文身、视力矫正，以及在比赛和考场服用提高成绩的药物等。因此，即使身体修复可能要用到生物学技术，但对于提升自身机能的欲望将驱动相关技术的发展和实施，包括大脑皮质调制解调器。

把互联网接入自己的大脑

神经接口能为人类思维与互联网提供直接的联系。通过这些连接，可以把可用的物理、电子和经济基础设施整合成一套假肢，为使用假肢的个人提供强大的力量。我们可以通过互联的机器人把人类的触觉延伸到全世界。我们可以直接连接到图书馆、超级计算机和太空望远镜来扩展我们的思维。我们的思维将不再局限于狭窄的颅骨内，而是可以真正地暴露在宇宙中，这将给我们带来极大的好处，同时带来巨大的风险。

根据定义，大脑皮质调制解调器将是一个双向的通信信道。把这个接口连接到人类的神经将引发一个问题，即什么样的内容能够嵌入信息流。如果我们开始把互联网接入自己的大脑，那么将需要面对目前所有的网络安全问题，很可能还会出现一些新问题。智能手机里面的垃圾邮件和恶意软件将不再是我们关注的焦点。DARPA已经意识到潜在的问题，最近已经把移植仿生手臂的力量限制为“人体正常”水平，主要是因为担心网络安全问题。该机构担心具有超常力量的手臂的程序被破解，不管是被手臂的佩戴者，还是其敌人。这些安全问题才刚刚显现。

谁将持有你的大脑皮质调制解调器的密码？谁来控制软件更新？今天政府安全机构坚持获取电话、电子邮件，以及你的手机和电脑里面的内容。35 年之后，政府是不是会坚持在你的大脑里面装个后门？其他人是不是也会经常使用这个后门？即使面临这一系列问题和风险，很多人还是会选择采用这些新技术。

这是一个轻而易举就能做出的预测。科幻作家威廉·吉布森敏锐地观察到“未来已经到来，只是还分布不均”。科幻作品是一种关于想象力的文学形式，其出类拔萃者能提前很久就预测到未来的情形。虽然已经开始进行研发，并且分布不均，但是目前人们已经可以使用初级的神经假体了。这种技术并没有物理学、化学或者生物学方面的根本性难题，其发展速度将仅取决于我们减少在如何制造设备方面的无知的速度。未来的需求肯定是巨大的，技术的推广很快将由生产开发进度表决定，而不是由基础科学决定。其实，每种技术的到来都伴随着惊喜。正如今天，能否获取互联网所带来的“数字鸿沟”被认为是某种形式的教育歧视，那么脑部植入技术是会消除还是会加剧这些问题呢？当人体增强技术变成了关于是否能承担升级费用时，我们是否又顺便让社会或者经济增加了一些新的阶层？我们正在逐步进入吉布森已经写好的每部小说的序章，同时我们也得做好准备面对还在其头脑里面酝酿的章节。

当软件遇上湿件

最终，基因工程、再生医学以及信息技术将趋于融合。弥合计算与生命体之间的隔阂，将同时带来好处和挑战，就像网络让银行、公共事物和制造业等的安全问题变得更加复杂一样。这再次把我们带到吉布森及其首部小说《神经漫游者》的开篇部分，主角发现他移植的人工器官被黑客注射了毒素，他必须完成任务才能获得解药。临床实验已经使用了很多人工器官，当该技术更加普及时，我们必须关心在工厂里面，我们的湿件是否会被安装恶意软件。如果湿件在安装之后需要升级，那该怎么办？谁来负责管理这些升级工作，他们是否有权通过生物网络来发布这些更新，就像现在的智能手机软件更新一样？换句话说，我们是去医生那里进行调试，还是有其他的方法来传送生物代码？也许该恢复“病毒式传播”的本来含义。我们是否可以拒绝这些更新？谁又最终拥有我们这些移植器官的“密码”？不管这个“密码”具体是什么样的形式。

再次让人感到奇怪的是，在这种场景中，并不存在物理学、生物学或者化学方面的障碍。与大脑皮质调制解调器一样，人们对于这类技术有巨大的需求，如减少疾病带来的负担、提高老年人的生活品质，终极目标是把衰老从某种不可避免的终点转变为可管理、可持续的过程。不过，前方长路漫漫。

大脑皮质调制解调器和再生医学都体现了人类在未知领域的工程能力。虽然我们还不能设计一个大脑，或者像大脑一样工作的东西，因为我们对于大脑细胞的工作原理还没有完全理解，不论是单个细胞，还是作为一个整体，但是我们正在消灭无知，为人体生理创造新的能力。我们现在可以通过把神经连接到计算机上来直接读写其信号。我们已经有足够的能力控制人类细胞的活动，把它们粘贴在一起组成可利用的形状，利用我们现在还没完全理解的机制制造可用的器官。这表明在未来的几十年，生物技术的范围将不会受限于我们目前所知道的生物学的点点滴滴，而是如何把这些新技术组合在一起充分利用好。在历史上，这种方法已经获得了巨大的成功。

生物技术繁荣的基础

现在我们还在学习如何高效安全地修复或矫正人类的身体，包括我们的基因组。几十年来，我们已经能在实验室里对其他生物的基因编码进行读写。人们对于这种技术的需求是十分巨大的。虽然还处于早期阶段，但是在享受生物技术带来的经济利益时，很关键的一点是，我们需要知道去往何方。基于基因工程的商业活动已经逐渐、悄悄地成为美国经济的主要贡献者之一。

到 2012 年，生物技术在美国创造的收入已经超过 GDP（国内生产总值）的 2%（见图 3–1）。这些收入主要由三大子行业组成：生物制品（如生物制药），转基因农作物，以及工业生物技术产品（如燃料、酶和材料）。如果把生物技术作为一个行业，2012 年其对美国经济的贡献高于采矿业（0.9%）、公共事业（1.5%）或者计算机和电子产品制造业（1.6%）。相比较，生物技术行业的相对体量是不是有点出人意料？这主要是因为一直以来人们都疏于对其进行测量。美国商务部至少早在 1958 年就开始跟踪半导体对于美国经济的贡献度，那个时候这个贡献度还不到 GDP 的 0.1%，但是到 2016 年还没有对于生物技术贡献度的官方跟踪，所以其经济影响是悄悄发挥的。

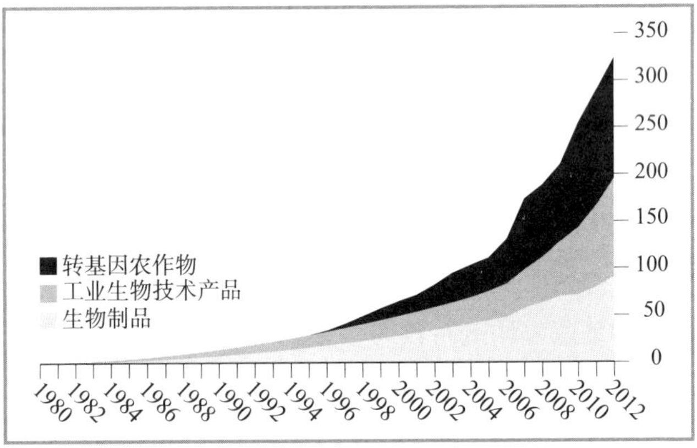

图 3–1　美国生物技术收入

生物技术的收入越来越多地依赖于对 DNA 碱基对上的基

因编码进行的读、改、写（见图 3–2）。现在自动工具可以进行电子信号与生物信号之间的直接转换，这是过去 30 年技术发展取得的成果。这个时间段很重要，因为它比从现在到本书给出的时间点——2050 年更短。在未来 30 年，这项技术将更加便宜、普及和强大。自 1985 年以来，读写DNA 的成本大幅下降，而仪器的效率呈指数级增长，大概每 18 个月翻一番。最近几年，测序的效率呈超指数增长，主要是受到基因指令读取及编码的强烈需求驱动，并且已经应用到人体、病原体、肿瘤、农作物、宠物，以及科学家可以接触的其他任何生物。

DNA 合成与测序的发展和微型芯片的发展对比

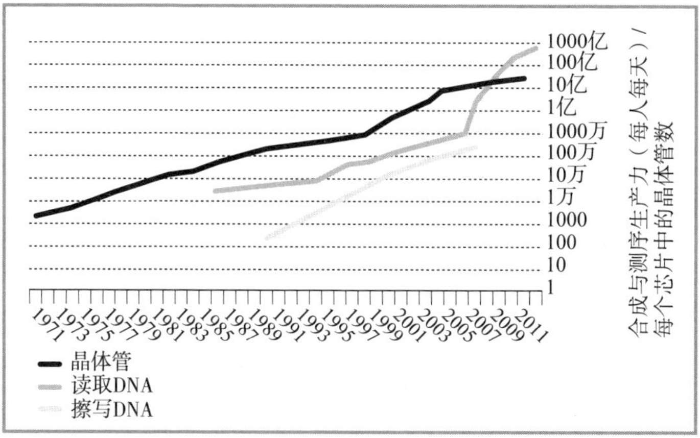

图 3–2　卡尔森曲线和摩尔定律

一旦被数字化，这些基因序列就可以组成一个指令集合，用于构建新的基因来制造有机体，目前通常是微生物和植物。这种DNA 可以用于针对药物的某种蛋白质进行编码，或者用于编码整条合成途径中的酶，用于制造现在从石油中提炼出来的任何分子。经过几十年的生物学研究，我们已经不再局限于设计自然环境中能找到的基因，或者对这些基因进行排列。

现在人类可以根据具体的功能需求来设计基因编码，然后将这些指令整合为一个基因组。与大脑皮质调制解调器以及人工器官一样，虽然我们已经开始设计基因线路，但是并不知道所有这些组件是如何工作的。目前商业应用中最复杂的合成基因线路只包含大约12个基因，这些基因被粘贴在酵母基因组中，酵母基因组本身由超过5000个基因组成，其中很多基因我们知之甚少。生物工程目前是一项对复杂的遗传系统的侵入行为，并没有合适的操作手册。在未来的30年，人类会投入大量资源来消除在这方面的无知。

在这几十年里，我们将研究生命的各组成部分和各系统是如何结合在一起的。这些组成部分在数量上、功能上以及相互交互方面都是有限的。毫无疑问，随着时间的推移，我们将充分理解它们。随着我们对其理解的提升，不断增长的市场需求将不可避免地带动工程能力的进步。当我们真正知道自己在做什么时，世界又将是怎样一番景象呢？

生物工程的未来

要想对生物工程的未来做出一些预测，可以反过来考虑一下这个例子。在波音777飞机起飞之前一个世纪——1892年，人们会如何看待它？在那个时代，汽车都还是稀罕物，马匹、马粪还充斥在人们的日常生活之中，现代飞行器的每一个部件在当时看来都是一个奇迹。制造飞机的材料和方法、保持飞机在空中飞行的引擎和系统、能够全天候自动处理 90% 起飞和降落的计算及复杂管理能力，在当时看来都是不可思议的。1892 年，虽然在物理上被证明是完全可行的，但是波音 777 飞机还是超越了当时人们的想象力和工程水平。

然而，在 100 年的时间里，波音 777 飞机的各个方面都取得了进步和提升，并整合为一个在今天看来似乎很普通的功能整体。现在这个基础已经非常成熟，并且集成度很好，设计人员可以坐在办公桌旁，操作在地球另一边的自动化生产线。

但我们仍然不能彻底地明白机翼是如何在湍流中维持上升的。我们的设计不是基于飞行的详细物理原理，而是通过大量的模拟来对流体动力学建模。最终，我们相信可以从这些模拟得出波音 777 飞机的适航性。但是，这些通过“可制造性设计”制造出来的飞机如此安全，并具有极高的可重复性，以至于只要飞机一起飞，我们就能安心地进入梦乡。虽然现代航空飞行器不能给我们带来多大刺激，却给我们带来了生物技术方面激动人心的线索。虽然听起来有些可怕，但是在未来，生物制造就会像现在的飞机制造一样平淡无奇。

改变已经到来。生物设计自动化行业，类似于现代航空业，目前在全球各大洲都涌现了不少雄心勃勃的初创企业。大型制药和工业生物技术公司尾大不掉，无法灵活地把自己的研发力量转移到这个方向，它们是这种新方法的主要客户。当可制造性设计最终变成生物工程的一个普通部分时，我们将拥有一个技术平台。通过这个技术平台，可以制造我们在大自然中看到的任何物体。未来，生物技术的边界将远远地超出我们今天描述的生物零件和生物过程。

随着我们扩展自己在利用生物学方面的能力，我们以前被现有经验严重束缚的创造力将逐渐得到释放。当我们突破了现有知识附加在想象力上的限制后，我们将利用生物元件制造出什么来呢？DARPA的另外一个项目能够为我们提供一些线索，该项目旨在利用生物学来改变我们操作无生命物质的方式。

标准合成化学技术为我们提供了一个分子动物园，这是现代经济的基石。今天很多产品只能通过完全由人类制造的分子来完成。无论是塑料、涂料，还是催化剂，合成化学改变了我们的世界。其实，合成化学只能制造一部分我们想象中的材料，酶却可以让化学制造更多的潜在材料。DARPA希望能够拓展这种能力，通过各种酶的组合来制造1000种以前并不存在的材料。此外，经过一个世纪的努力，我们已经学到了足够的生物、化学知识来设计具有新功能的酶，进一步扩大了可制造材料的范围。

因此，一方面，我们正在努力准确、全面地理解生物学的本质；另一方面，我们正在利用生物技术摆脱之前技术方面的种种限制。除了制造新材料，生物技术也被视为电子系统的重要组成部分，特别是生物技术有可能改变我们存储数字信号的方式。

从磁盘到DNA

互联网正在迅速扩张，现有技术将很快无法满足我们对于数据存储的需求。如果继续沿着当前的道路走下去，在未来几十年内，我们不仅需要成指数级增长的磁带、磁盘或者闪存，而且需要更多的工厂来生产这些存储介质以及存放这些介质的仓库。即使在技术上可行，在经济上也不太合适。生物学可以提供一种解决方案。DNA是我们迄今遇到的最复杂、最密集的信息存储介质，甚至超过了磁带或者固态硬盘的理论容量。

一个装满磁带的大仓库可能会被一块方糖大小的一堆DNA取代。另外，磁带可以保存数十年，纸可以保存几千年，我们在加拿大苔原冻土里面的75万年前的动物尸骸中却发现了完整的DNA。因此，这将推动我们把读写DNA的能力与人类长期保存信息的需求相结合。目前已经有在DNA里面进行文本、图片和视频的编码及检索的相关案例。

政府和公司都看到了这个机会，提供资金来支持相关的基础研究，如提高DNA合成与测序的速度。为了与传统的磁带驱动器竞争，单个“DNA驱动器”必须每分钟能读写大约相当于10个人类基因组的信息，这是目前全球每年DNA合成需求的10倍以上。鉴于人类对于DNA存储的需求如此之大，如果其价格合适，那么将彻底改变读写基因信息的市场格局。目前，该市场的规模只有数十亿美元，处于生物技术市场的边缘，同时，其带来的巨大应用潜力也将改变我们的生活。生物技术的这种非传统应用的影响将随着时间的推移越发显现。

牛奶工厂和生物经济

来看看发酵业的生产潜力，这是生物学与过程工程（process engineering）相结合的行业。啤酒酿造无论是在技术上，还是在经济规模上，都分为不同的等级，例如，从跨国巨头每年生产数百万升到街角小作坊的几千升精酿。这种产业结构表明分布式的生物制造业可以与集中的生产互相竞争，这与经济规模会越来越大的观念相悖。此外，综合性的石油公司需要数百亿美元才能运转，发酵行业的公司可能只需要几千美元的基础设施投入，就可以正常运转。

通过调整这个生产平台中的生物部分，我们可以瞄准有利可图的市场。啤酒的主要成分是水，每升最多值几美元，而微生物可以产生每升价值数万美元的分子。2012年，生物技术行业为美国经济贡献了1050亿美元，其中至少有660亿美元来源于已经在全球市场取代石油化工产品的发酵生物化学产品（这里面不包括2012年为美国GDP贡献了100亿美元的生物乙醇）。另外一个需求是，制药行业正在从类似抗生素这样的超小分子化学合成药物，转向生物合成。这样可以节省资金，减少废水和碳的排放。越来越多的包含生物和非生物的生产系统将满足人类飞速增长的针对可再生化学品的需求。

农民已经在乳业日常运作中尝到了挤奶机器人的甜头。奶牛和机器人组成了一个极具生产效率和赢利能力的综合系统。全球有超过 25000 个这样的系统正在运转。奶牛能够很快学会在固定的时间去挤奶牛舍，在这里它们的身体状况以及产奶量能够被脖子上的电子标签跟踪，形成了“奶牛的互联网”。重要的是，奶牛也能从这种系统中受益，可以减少兽医的检查次数并生产更多的牛奶。联网的奶牛把吃下的食物加工成有价值的物质，然后自动地运往一个集中的地方让人们进行收集。

这里的关键点是，就像酿造啤酒一样，自动化的奶牛场是一个非常高效、灵活且分散的制造系统。这种整合已经持续了几十年，牛奶的总产量几乎翻了一番，而“奶牛队”的规模却减少了一半。

现在假设这些“过剩”的奶牛不是被用来产奶，而是用来生产燃料或者化工品，那么这个生产量将相当于美国 2017 年可再生能源的使用量，或者美国汽油总需求量的 17% 左右。

根据目前的计划，完成这项任务需要投入大概 1700 亿美元，用来建造数百个假设中的“综合生物精炼厂”（integrated biorefinery）。相比之下，目前美国的全部奶牛价值大概为 200 亿美元，在这个数字上我们再加 100 亿美元用来研究如何利用奶牛生产燃料和化工品，我们还需要超过1000亿美元的资金。

其实，开发成本可能会更低，因为我们不需要像对奶牛进行生物工程那样把产品送到机器人挤奶仓。我们可以建立包含工程化微生物的发酵系统，微生物消耗复杂的有机原料并生产有价值的化学物质，这些生物化工产品一直都比石化产品更具竞争力。同时，我们即将拥有使用轮子或者腿来行动的自动机器人。把这些技术结合在一起，将彻底改变我们管理资源和组织生产的方式。

你好！机器牛

想象一下，装有生物处理模块的机器人在牧场（甚至在高原地区的恢复草地）上行走，把吃进去的各种原料加工成燃料、化学制品以及药品等产品，然后再把产品运至采集设备。这些机器人看起来像牛，或者只是类似于现在的卫星导航的自动化收割机外加了一个发酵罐。这些混合的“机器牛”，实际上就是移动微型啤酒作坊，将是自主的分布式生物制造平台。

不管这种混合体的最终形式是什么，我们将使用最合适的生物组件、机器人或者数字计算机。其中的重点不在于计算机技术将扩展生物学的极限，而是由于两种技术的相互影响，将在一些新的方向上取得进步。

这听起来有点天方夜谭，但本书涵盖的是未来30多年的发展。生物技术的优势已经创造了巨大的需求，进入壁垒已经急剧降低，30 年后我们的经济将极其依赖于整合了工程化生物和非生物的混合设备。

很难预测在将来制造的人工产品具体会是什么样子，但展望未来，关键的一点是过去和现在的种种限制将不复存在。未来并不是由我们今天已知的生物学来定义的，而是由我们明天将创造的生物学来决定的。

第 4 章　超越摩尔定律[①]

微处理器性能的巨大进步使得计算革命成为可能。未来，革命还将以其他方式继续下去。

1971 年，当时还默默无闻，后来才名震硅谷的英特尔，发布了一款名为 4004 的芯片，这是世界上第一款可商用的微处理器，这意味着数字运算的所有电子电路都包装在一个微小的芯片里面。当时，这是一个奇迹，包含了 2300 个微型晶体管，每个大约 10000 纳米（十亿分之一米），与血液中的红细胞差不多大小。晶体管是一个在“开”和“关”之间转换的电子开关，在物理层面表示信息的基本组成元素——0 和 1。

2015 年，英特尔——现在世界上领先的芯片制造商，收入超过 550 亿美元，发布了 Skylake 芯片。虽然公司没有公布具体的数字，但估计该芯片有 15 亿—20 亿个晶体管。每个晶体管只有 14 纳米，如此之小，以至于用肉眼都看不见，因为它

① 本章作者蒂姆·克罗斯是《经济学人》杂志的科学记者。

们比人类可见光的波长还小一个数量级。

大家都知道现在的计算机比以前的要好，但是很难说清楚好多少，因为没有其他的消费技术有如此快的提升速度。以汽车来类比：如果 1971 年的汽车与电脑芯片以相同的速度提升，那么到 2015 年，最新汽车的速度最高将达到每小时约 4.2 亿英里。这大概是光速的 2/3，或者可以在 12 秒内绕地球一圈。如果这个还太慢，那么在 2017 年年底之前将出现速度再提升一倍、比光速更快的模型。

这个令人振奋的观察结果是英特尔创始人戈登·摩尔于 1965 年首次发现的。摩尔指出，集成电路里面元件数量每年翻一番，后来改为每两年翻一番。摩尔定律已经是一个被验证了的预言，为整个计算机行业奠定了基础。每年英特尔和台积电等公司花费数十亿美元研究如何不断地缩小计算机芯片里面的元件。同时，摩尔定律已经帮助我们创造了一个新世界：芯片已经嵌入从水壶到汽车（越来越具有自动驾驶功能）的一切事物，数百万人在虚拟世界里休闲娱乐，金融市场被计算机算法操纵，很多专家担心人工智能将很快接管所有工作。

摩尔定律的强弩之末

这似乎已是强弩之末。现在，缩小芯片上的元件变得越来越困难，晶体管只有几十个原子大小，留给工程师的空间已经没有多少了。从 1971 年 4004 芯片的发布到 2016 年，摩尔定律大概经历了22个周期。如果该定律能够维持到2050年，那就意味着还有17个周期。在这种情况下，工程师必须弄清楚如何使用比氢原子更小的元件来制造计算机。其实氢原子是已知的最小的元素，任何人都知道，这项工作是不可能的。

商业将在物理规则之前终结摩尔定律，因为缩小晶体管已经不能带来以前那样的边际效益了。使得摩尔定律真正有效的是被人们称为“登纳德缩放定律”（Dennard scaling，1974年由IBM工程师罗伯特·登纳德首先提出）的现象，该定律指出缩小芯片元件的尺寸能够使得芯片的速度更快、功耗更低、价格更便宜。换句话说，元件更小的芯片性能更好，这是计算机行业能说服消费者每隔几年更换最新型号产品的原因。但是古老魔术的魔力正在消逝，缩小芯片不再像以前那样使它们的速度更快或更有效率（见图4–1）。同时，超级复杂的设备带来成本的上升，削弱了芯片的经济利益。摩尔第二定律虽然没有第一定律那么严谨，但它指出芯片“铸造”厂的成本每四年翻一番。建一个现代芯片厂大概需要100亿美元，即使对于英特尔来说，这也是很大一笔钱。

硅谷专家们一致认为，摩尔定律已经快走到头了。硅谷一家分析公司的负责人里尼·格文纳普说：“从经济角度来看，摩尔定律已经寿终正寝了。”IBM研发部负责人达里奥·吉尔也同样坦承：“我可以明确地说，计算机的未来不再仅仅是摩尔定律。”英特尔的前芯片设计师鲍勃·科威尔认为，到21世纪20

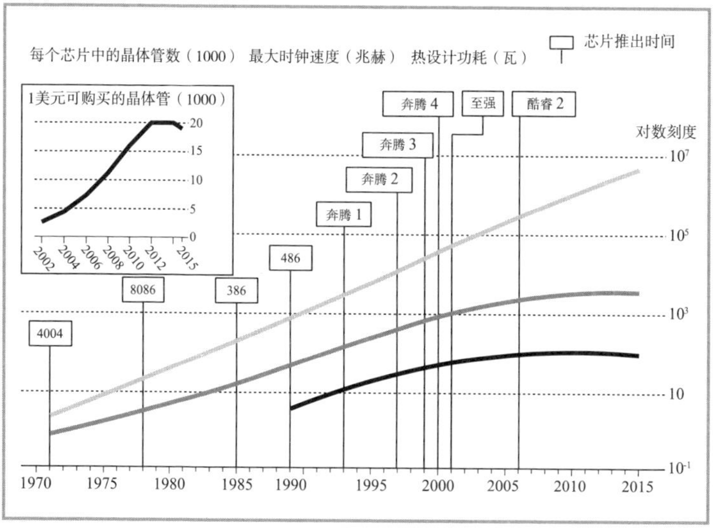

图 4–1　摩尔定律的终结

年代初，芯片行业也许能够把芯片元件降到 5 纳米左右，同时他也说“但是我不认为能够比这走得更远”。

换句话说，过去 50 年来最强的技术力量之一，很快将走到末路。计算机将不断以惊人的速度提高性能、降低成本的假设已经深深地烙印在人们的脑海里。这也是本书其他章节很多技术预测的基础，从自动驾驶汽车到更聪明的人工智能，以及其他一些更有趣的消费电子产品。除了缩小电子元件之外，还有其他的办法来提升计算机性能。摩尔定律的终结并不代表计算机革命的停滞，不过这的确意味着未来几十年将会与以前有很大不同，因为任何替代者都不会像摩尔定律在过去半个世纪那样可靠或者可复制。

3D芯片和量子计算

摩尔定律使得计算机的体积更小，将其从填满整个房间的巨兽变成了细小的、可以放在口袋里面的小方块，同时也让其更加省电：一部智能手机比1971年美国全部的计算能力还强，而这部智能手机只需充一次电就可以维持一天或者更长的时间。摩尔定律最让人瞩目的成就是它让计算机变得更快了。到2050年，摩尔定律的历史将作古，如果要让计算机继续变快，工程师将不得不使用其他一些方法。

目前已经有一些简单的方法，一种是进行更好的编程。过去，摩尔定律惊人的速度让软件公司没有足够的时间来精简其产品。实际上，客户每隔几年就会购买速度更快的机器进一步磨灭了它们的积极性：让笨拙的代码运行得更快的最简单的方法可能就是等待一两年，等待硬件性能提升。随着摩尔定律慢慢失效，计算机行业极短的产品周期可能会开始延长，给程序员们更多的时间来打磨他们的产品。

另一种方法是，针对某些数学算法设计专门的硬件。现在的芯片开始针对常用的功能采用专门的电路，例如，电影解码、加密所需的复杂计算或者视频游戏中绘制复杂的3D图形。随着计算机应用到其他产品，这种专用芯片将非常有用。例如，自动驾驶汽车将越来越多地使用计算机视觉，计算机将对这些真实世界的图像进行解读、物体分类和信息提取。这项任务要求很强的计算能力，而专用电路将带来显著的性能提升。

但是，为了让计算能力能够以人类习惯的速度提升，就需要一些更激进的举措。其中的一个想法是试图把摩尔定律推动到第三维来维持其速度。现在的芯片基本上都是平的，研究人员正在将元件进行叠加来制造芯片。这样即使芯片的面积停止缩小，但叠加可以让设计师放入更多的元件，就像高楼比同样占地面积的平房有更高的容积率一样。

第一个使用这种技术的设备已经上市。三星，韩国的一家微电子公司，其销售的硬盘驱动器的内存芯片就是堆叠了几层。这项技术有巨大的前景。现代计算机的存储与芯片之间隔着几厘米的距离。在芯片层面，一厘米是很长的一段路，意味着在计算机需要读取数据时会有很明显的延迟。3D芯片可以通过把处理芯片层与内存芯片层叠加在一起来消除这个瓶颈。IBM认为，3D芯片能够让设计师把现在占据一栋楼的超级计算机压缩到鞋盒大小。

若想让这种方法可行，还需要在基础设计方面做一些改变。现在芯片在运行时会发热，需要强大的散热器和风扇来降温。3D芯片在这方面的问题更严重，因为可用于散热的表面比其体积的增长慢得多，而体积越大产生的热量就越多。同样的原因，这样的芯片要获得足够其运转的电力和数据同样存在问题。因此IBM的“鞋盒超级计算机”需要使用液体来冷却，在每个芯片里钻出微型通道以便让冷却液流动。同时，该公司认为冷却液还可以用作电源，即把冷却液用作液体电池里面的电解液，在电池里面，电解液流过固定的电极。

还有其他一些更为奇特的想法。量子计算建议使用量子力学的各种违反直觉的原理来制造计算机，能比任何最先进的传统计算机更快地解决某些类型的数学问题（虽然对于很多其他问题，量子计算机并没有优势）。量子计算机最著名的应用就是破解密码，但它们最重要的应用可能是准确地进行量子化学模拟，这个问题在制造业和工业中有广泛应用，但是传统计算机完全难以胜任。

10 年前，量子计算还仅限于在大学里面进行研究。现在，有几家大公司正在向该技术投入大量资金，包括微软、IBM 和谷歌。所有公司都预测在未来一二十年内量子芯片就能投入使用（事实上，一些人已经可以远程使用IBM的一个量子芯片，通过互联网对其进行编程）。一家叫作 D-Wave 的加拿大公司已经在出售一种功能受限的量子计算机，它只能运行一个数学函数，虽然还不太清楚这台特殊的机器是否已经比非量子计算机更快。

如同 3D 芯片一样，量子计算机也需要专门的细心呵护。要让量子计算机工作，必须将其内部与外界进行隔离。量子计算机必须使用液氦冷却到绝对零度左右，并使用复杂的屏障进行保护，即使最小的热脉冲或者电磁波干扰都可能破坏这种机器依赖的不稳定的量子态。

消逝的计算机

所有这些前瞻性的改进都有一个局限性：收益都是一次性的，或者说它们只适用于特定领域。摩尔定律的伟大之处在于每隔几年它就能提升一切，具有很强的规律性。未来的进步将会变得更加困难、更加不可预测、更不稳定，并且不同于往日的繁荣，我们并不太清楚如何把这些技术转换为消费产品。毕竟，很少有人会想要一台低温冷却的量子个人计算机或者智能手机。上述的液体冷却器十分笨重、复杂和麻烦，即使是为特定的任务组装专门的机器，也只有在经常使用的情况下才有价值。

这三项技术在数据中心却能很好地运作，这将有助于在未来几十年带来另外一个大趋势。传统上，计算机是放在桌子上或者口袋里的。未来，越来越普遍的互联网和移动网络接入，将允许把很多计算能力隐藏在数据中心，客户在需要的时候就可以使用它。也就是说，计算将变成一个按需使用的公共服务，就像现在的电和水一样。

云计算，把进行计算的硬件从用户实际交互的计算机中移除，将会成为业界降低摩尔定律消亡影响的一种重要方法。与智能手机或者个人计算机受限于体积不同，数据中心可以通过不断扩大规模来增强自己的运算能力。随着世界上人们的计算需求不断扩大，越来越多的计算过程将在距离用户几百公里之外的仓库中完成。

这已经开始发生了，例如，使用类似苹果手机语音助手Siri这样的应用程序，解读人类的语言并分析出指令背后的含义。比如执行一句“Siri，帮我找一家附近的印度餐厅”，需要比苹果手机拥有更多的计算能力。相反，手机只需要记录用户的语音，并将信息转发到苹果公司某个数据中心的性能更强的计算机。一旦这个远程计算机计算出合适的答案，它将把信息发送回苹果手机。

同样的模式不仅仅可以应用于智能手机。芯片已经进入很多计算机之外的物品，从汽车到医疗植入物，再到电视剧和热水壶，芯片正在加速扩展。所谓的物联网（IoT）就是想将计算嵌入所有可以想象到的物体：智能衣服使用家里的网络告诉洗衣机使用什么样的洗涤设置；智能铺路板将监测城市的交通情况，向政府提供十分详细的空气污染地图。另外，来看看已经呈现给我们的未来世界，例如，劳斯莱斯公司的工程师现在甚至已经可以监测飞行中每个喷气发动机上的几十个性能指标。智慧型的家居中心，可以让其主人通过智能手机控制从照明到厨房电器的一切，这在早期用户中很受欢迎。

物联网要发挥其全部潜力，必须找到相关方法来处理数十亿个嵌入式芯片发送过来的数据流。物联网芯片本身并没有这个能力，例如，嵌入到智能铺路板中的芯片将尽可能便宜，并且功耗极低，因为把每块铺路板都连接到电网是不切实际的，这样的芯片必须从热能、行人踩踏甚至周边电磁辐射中吸取能量。

摩尔定律的终结

随着摩尔定律的消亡，“更好”的意义也将改变。除了上述途径，还有很多看起来有希望的方法。例如，现在很多人都在为提高计算机的能效而努力。主要有以下几个原因：消费者希望它们的智能手机的电池具有更长的寿命；物联网需要将计算机部署在没有电力供应的地方；大量的计算已经消耗了世界发电量的 2% 左右。

用户界面是人们准备变革的另一个领域，现在的技术已经很古老了：键盘是直接从机械打字机发展出来的；鼠标最早在 1968 年出现；“图形用户界面”，如 Windows 和 iOS 也是同时替代了晦涩的文本符号；欧洲粒子物理实验室在 20 世纪 70 年代率先使用了触摸屏。

Siri 可能会不再局限于你的手机，变得无处不在：人工智能（以及云计算）可以让任何机器只需通过语音来控制，无论是多么微小的机器。三星已经制造了一台声控电视。手势跟踪和视线跟踪已经在虚拟现实游戏中被率先使用，并且被证明十分有用。虚拟现实的近亲——增强现实把计算机生成的信息叠加到真实世界，把虚拟和现实进行融合。谷歌公司虽然收回了增强现实眼镜设备，重新进行设计，但类似的设备终有一天能被人类使用。另外，该公司正在致力于开发有相似功能但侵入性更小的电子隐形眼镜。

摩尔定律不可能永远持续，但是随着它的消逝，它的重要性日益显现。当你的计算机局限于桌子上的一个盒子，或者计算机太慢无法执行很多人类想完成的任务时，它的重要性就凸显出来了。它给了计算机这个庞大的全球产业一个主节拍器，没有摩尔定律，计算的进步将更加困难、更加不持续和更不规律。进步终究还是会出现的。2050 年的计算机将是一个微小的芯片系统，嵌入从厨房台面到汽车的一切物体。它们大多数都可以通过互联网无线传输获取更强大的计算能力，你对着房间说话就可以与它们进行交互。数万亿个小芯片将分散在物理环境的每个角落，使得这个世界比以往任何时候都更容易理解、更容易监测。摩尔定律可能很快就会结束，但计算革命不会。

第 5 章　技术发展史：凡是过去，皆为序章[①]

要想了解未来 30 年事情将如何变化，可以参考过去 30 年各种技术浪潮是如何形成的。

1985 年秋，距今 30 多年以前，比尔·盖茨和我在北卡罗来纳州的一个空旷的海滩上散步。那时比尔与人合伙创立的微软公司刚好满 10 年，距其上市还有几个月（1986 年 3 月 13 日）。

微软是计算技术“第二波浪潮”（个人计算机）的早期进入者之一。但是在 1985 年，很少有人意识到计算技术的任何浪潮，更不用说认识到我们已经处于第二波浪潮。第一波浪潮是从 20 世纪 50 年代末到 70 年代，以大型机和小型机为代表。那个时候还是青少年的比尔和我被卷入了软件行业。读高中的比尔和读大一的我接触到了微机：DEC（数字设备公司）公司的 VAX 系列产品。我在 DEC PDP-11 上学习 Fortran（公式翻译

① 本文作者安·温布莱德是旧金山胡默·温布莱德风险投资伙伴公司联合创始人，是一位在软件行业具有 30 多年经验的杰出企业家和投资家。

器）编程。比尔比我更超前，他在多个微机上进行编程，包括DEC PDP-10。

那个时候的计算能力，无论是大型机，还是小型机，或者被放置在庞大的制冷房间里，或者是分时段共享，对于大部分人来说都是接触不到的。虽然这只是第一波，但它预示着后续浪潮的爆发。每波浪潮都带来令人惊奇的新进入者，刚开始只能看到表面那一小部分。新的海浪穿过水层延伸到海底，这里有很多新公司刚开始下水游泳。海浪倾斜着、卷曲着向海边涌去，这时胜利者勇立潮头，失败者折戟沉沙，只有领先的创新者和公司才能最终达到岸边。

第一波浪潮：IBM和七个小矮人

在第一波浪潮中，伯勒斯（Burroughs）、UNIVAC、控制数据（Control Data）、霍尼韦尔、美国无线电公司（RCA），以及通用电气等公司游得最好。这些最初制造大型机的厂商被称为“IBM和七个小矮人”，后来又被称为“IBM和BUNCH”，因为通用电气和RCA离开了这个行业。BUNCH也将基本消失或者变得无关紧要，从历史的角度看，当浪头跌落的时候，它们仅仅在海面昙花一现。在第一波浪潮中，IBM作为大赢家成功上岸，虽然今天大型机只占IBM收入的很小一部分。在小型机的潮头浪尖，阿波罗电脑（Apollo Computer）、通用数据（Data General）、王安实验室（Wang Laboratories）、Prime

Computer 甚至更有名的DEC都只能成为历史的脚注。

每次浪潮都会有一些核心技术或者新的商业模式出现，并在历史的沙滩上留下脚印，通常需要几十年才能显现其全部影响。在第一波浪潮中，摩尔定律出现（见第 4 章）。戈登·摩尔在 1965 年发表的文章认为，计算机的处理能力每年翻一番，至今仍然是新浪潮的驱动力。计算技术的浪潮几乎与摩尔定律保持同步，带来了技术能力的巨大进步。1975 年，摩尔定律的周期减半，从每年翻一番变成了每两年翻一番，这为今后所有的技术浪潮奠定了基础。它确定的不仅仅是芯片上的晶体管数量，还将确定生产、设计和软件的创新速度。

当我们在海滩散步时，比尔一直在沉思。他并不担心被称为Web1.0 的第三波浪潮已经形成（虽然离岸边还很远），他的脑海里在想着其他事情。1985 年 6 月，微软在刚过去的财务年度中的收入超过了 1.4 亿美元。对于新的个人计算机行业中的年轻公司来说，这是一个很不错的数据。新兴的软件行业充满了竞争，微软公开发行的招股说明书中列出了很多竞争者，包括莲花公司（Lotus Software）、Ashton-Tate、Software Publishing、Borland International以及Digital Research。所有这些都是成长中的公司，都在潜泳，离岸边还很远。我们边走，比尔边解释他将如何把微软的年收入提高到 5 亿美元，但是再多就比较难了。还没有哪家软件公司能够达到这样一个收入。

第二波浪潮的赢家：微软和甲骨文

第二波浪潮的主要战场是操作系统和台式机软件，参战者有硬件制造商和新兴的纯软件公司。苹果公司作为新型的信息技术公司将顺利上岸。微软软件的竞争对手主要是一些小鱼。很多其他的著名公司，包括莲花公司，都将彻底消失或者被大公司收购变成一个小部门。到 1990 年，这波计算技术浪潮到达岸边，微软及其软件是最大的赢家。比尔对其年轻公司规模的担心很快就被抛到脑后。微软在其上市后两年的年收入达到 5.9 亿美元，1990 年的年收入达到 11 亿美元。

与微软一样，甲骨文及其分布式数据库也强势崛起。与第一波浪潮相比，第二波浪潮显然更为大家所熟知。个人计算机将达到数亿台，出货量从 1975 年的 5 万台增加到 2000 年的 1.34 亿台。软件也成为一个产业。

在每一波浪潮中，总会出现一些未来的“原型”。早期爱好者们对这些新产品报以热烈的欢迎和拥抱。在第二波浪潮中，比尔和我都正在使用摩托罗拉的DynaTAC手机（砖头一样大小的手机）。摩托罗拉的翻盖手机要到 10 年后才会出现。当我们旅行时，都将 16 磅重的麦金塔便携式电脑装在背包里。

1985 年的那次海边漫步，比尔还与我分享了他的另外一个更为长远的担忧：到 2050 年，人类会不会变成宠物？后来在 1993 年，计算机科学家与科幻作家弗诺·文奇在他的作品《奇点》中也提到了这个观点。文奇提出在 2005—2030 年，由于技术的加速创新，机器的智力将超过人类。事实上，这应该是第七波浪潮，人工智能，距离我和比尔那次交谈还有 25 年，当时还毫无踪迹。

一浪快过一浪：第三波和第四波浪潮

已经有两波浪潮抵达了岸边，其中一波给我们带来了微软。第三波浪潮——Web 1.0，是以亚马逊和谷歌为代表的互联网。第四波浪潮——Web 2.0，带来了云计算和移动计算，苹果的 iPhone、谷歌的安卓、亚马逊的 AWS（云计算服务平台）是其中的赢家，还有一家新公司——脸书（Facebook）也强势登岸。在该次浪潮中，出现了基于云的软件公司，最著名的就是 Salesforce。

每一个新的计算技术浪潮都比前一个更为猛烈，几乎是指数级增长，有前几个叠加在一起的乘数效应（见图 5–1）。新公司成长的速度也大大加快。微软用了 15 年才取得 10 亿美元的年收入，谷歌成立于 1998 年，五年后年收入就达到 10 亿美元，到 2015 年，年收入超过了 500 亿美元。脸书在成立之后四年的年收入就达到 10 亿美元。亚马逊，成立于 1994 年第二波浪潮中的在线零售公司（Web 1.0），用了 13 年的时间年收入达到 100 亿美元，而亚马逊的云业务 AWS，是第四波浪潮

（Web 2.0）的新晋者，2006 年发布之后，10 年时间年收入就达到 100 亿美元。

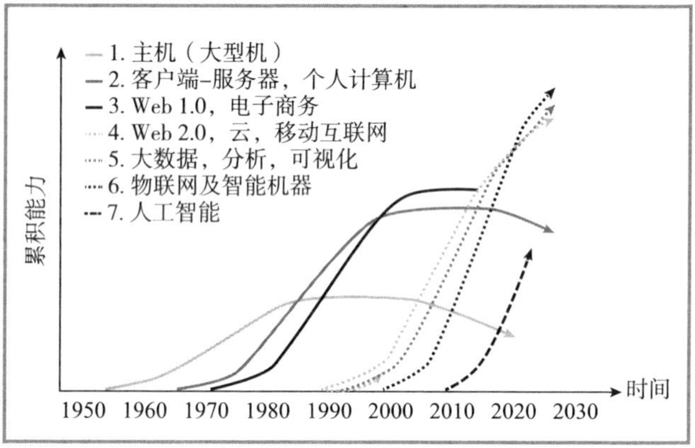

图 5–1　新技术浪潮

技术浪潮与风险投资家

金钱（主要是以风险资本的形式）也在不断推动着技术浪潮前进。风险投资始于 1959 年，洛克菲勒家族的风险投资机构——文洛克创投公司（Venrock Associates）投资了仙童半导体公司。独立的风险投资公司直到 20 世纪 70 年代才出现，从凯鹏华盈和红杉资本开始，虽然当时它们的投资额都很小。

直到 1978 年，风险投资经历了第一个大筹款年，整个行业共筹集了约 7.5 亿美元。那一年，美国劳工部根据《雇员退休收入保障法》放宽了一些限制，允许企业养老基金投资于资产，为风险投资家提供了主要的资金来源。

虽然风险投资的总额增加了，但是投资到软件行业的额度还是有限。由于担心软件工程师（最重要的资产）跳槽以及这个新行业的新商业模式，20 世纪 80 年代末到 90 年代初软件行业每年的投资达到 4 亿—6 亿美元。1995 年，软件公司的投资总额超过 10 亿美元。截至 2015 年，美国风险投资的 580 亿美元中，投资软件创业的金额增加到 230 亿美元，这增加了每波浪潮中新进入的公司的数量。1995 年，风险投资家投资了 435 家软件公司。到 2015 年，这个数字增加到 1800 多家。同时，软件行业的领头羊也快速成长，包括通过自身发展以及收购其他新公司。微软 2015 年的收入达到 930 亿美元。第四波浪潮产生的Salseforce公司已经成为第六大软件公司，年收入达到 60 亿美元。年收入达到 1070 亿美元的亚马逊以及 750 亿美元的谷歌公司位列互联网公司榜首。

20 世纪 90 年代，软件是如何开发的，其创新驱动力是什么？在第三波浪潮，免费或者开源软件成为网站开发人员的热门选择。开源软件，如Linux，降低了成立新公司的成本。这类软件不仅是免费的，还有来自全球的开发人员对其进行支持和快速优化。2000 年，Salesforce公开发布了API（应用程序接口），这是访问基于Web的软件程序的编程说明和规范。专有软件不再是获胜的关键，软件和互联网变得更加开放和“可编程”。今天每种类型的软件都有超过 15000 个 API。

第五波和第六波浪潮：大数据和物联网

互联网带来数据的大爆炸。所谓的大数据变得如此之大和复杂，传统的数据处理程序或者平台已经不足以获取、共享、存储和搜索所有信息，更不用说做任何预测分析了。2006 年出现了一个名为Hadoop的开源平台，免费的开源软件Apache Hadoop与云计算平台掀起了大数据的浪潮。这套系统可以在几乎没有限制的、价格低廉的标准化服务器上对海量数据进行分布并行处理。

不仅仅是数以千计的应用程序及其数以亿计的用户会产生数据，在未来的 10 年中，估计会有超过 1000 亿台设备将连接到互联网，每台设备都有几十个传感器。超过万亿的传感器将从物联网的各个角落收集数据，包括可穿戴设备、自动驾驶汽车、无人机、卫星或者摄像机。随着大数据浪潮的到来，以及随之而来的物联网浪潮，我们从普通的互联网来到了“万物互联”时代，通过网络把无数的设备与人类连在一起。最近的这两波浪潮——大数据和物联网，都还没有到达岸边，第七波浪潮就已经到来，这是人们最关注的——人工智能。

第七波浪潮已经到来：人工智能

人工智能公司第一次出现在 20 世纪 80 年代的第二波浪潮中。在 20 世纪 80 年代，专家系统开始在个人电脑上出现。很多大学开设了专家系统课程，很多大公司在其业务中使用这项技术。风险投资家也投资了一些创业公司：Aion、Neuron Data、IntelliCorp以及 Inference都是当时的领头羊。但是到 90 年代初期，这波浪潮中的专家系统以及人工智能公司基本都消失了，无一幸免。

就像在其他浪潮中一样，热衷者自信满满地宣称人工智能已经到来，有了未来的一些原型。随后的每波浪潮都给人工智能带来了一些关键模块。20 世纪 90 年代人工智能技术也对自身进行了反思。但是，我们还处于这波浪潮的萌芽阶段，不太可能在弗诺 · 文奇给出的时间内达到奇点。

专家系统时代的人工智能成为一个被称为“机器学习”的新领域。机器学习是对数据进行学习并做出预测的算法。“深度学习”是其最新的分支，其算法是基于多层机器学习交互产生的数据。随着输入学习系统的数字化数据呈指数级增长、数据处理工具的优化、开源软件和廉价云设施的出现，人工智能创新呈爆炸式增长。

风险投资家再次表现出对人工智能的投资兴趣。初期，在浪潮形成之前，风险投资家投入了很多资金，并让这些公司保持低调，很多公司并不为人所知。对第七波浪潮——人工智能的投资开始于 2010 年左右（见图 5–2）。人工智能的创业公司在 2015 年得到了 26 亿美元的投资。支持人工智能的基础设施工具在 2015 年获得了 36 亿美元的投资。当时，市场研究公司

IDC估计在2015年只有1%的软件具有人工智能功能，很多都是刚获得投资的新人。IDC同时也预测到2020年，机器学习的市场规模将达到400亿美元，60%的应用软件将运行在亚马逊、谷歌、IBM和微软的平台上。

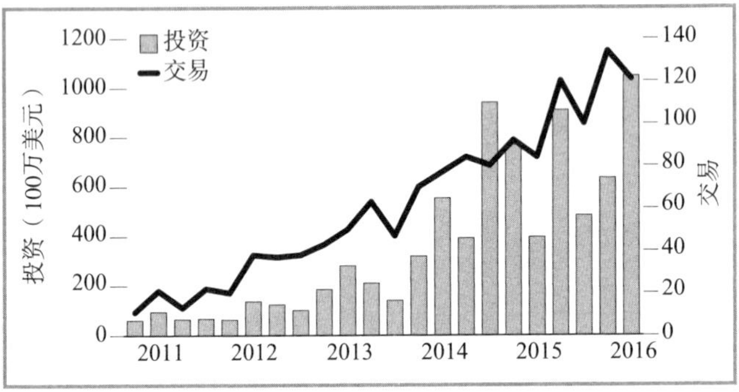

图 5-2　下一个大事件：投资人工智能创业公司

物联网及其各种应用实例引发了数字技术和数字智能的大爆发，让更多的人对其产生了兴趣。物联网为所有事物增加了情景感知功能。我的Nest Learning Thermostat（智能温控器，2014年被谷歌收购）可以编程和自我学习，它能够对我家里的温度进行控制和优化，并发送消息告诉我节省了多少能源。它基于机器学习的算法，在开始的几个星期，我需要调节恒温器以提供参考数据集。现在它“认为”自己已经学会了我的作息时间并能调节到合适的温度。使用内置传感器和我手机的定位功能，当它认为我不在家的时候会自动切换到节能模式。我的

Rachio洒水控制器能够自动地分析最近以及未来的天气与湿度情况，不再需要我自己去看天气预报和控制洒水开关。从监控摄像头到门锁及冰箱，家居设备在整合了数据和机器学习后将变得更加聪明。

科幻小说作家亚瑟·克拉克说过："当技术足够先进时，将变得与魔术一样。"在这波人工智能的浪潮中，软件巨头和新公司在"软件机器人"[①]领域相互竞争，讨人类欢心。通常，软件机器人主要用来执行比较简单和重复的任务，速度远高于人类。

在一个有着成千上万个应用程序以及数百种设备的世界里，要想讨得人类的欢心并不难。我很喜欢我的亚马逊Echo，Alexa（Echo里面的语音助手）能够识别我的声音，并对我需要快速访问大量数据的请求做出响应。事实上，它已经与我的很多智能设备通过亚马逊的API连接在一起。在开车的时候，我依靠Siri来发送短信。当谷歌使用Google Now对我的搜索请求做出预测时，让我大吃一惊。现在，生活中有很多的应用程序和软件机器人为我提供帮助。以后，当我回顾现在时，可能会说这些软件机器人只是"未来的原型"：本质上只是具有很强的语音识别功能的快速搜索引擎。我抱有很高的期望，很快我将能够与苹果的Siri、微软的Cortana、亚马逊的Alexa或者

① 软件机器人是指能够自动完成某些任务的软件应用。——译者注

其他公司的产品进行真正的对话（Alexa已经有了幽默感，当我要她“给我打开分离舱门”时，她回答说“对不起，戴夫，臣妾做不到。我不是哈尔，我们现在也不是在太空中”）。

当我们在等待能够通过语言交流来运行并且最终通过图灵测试（由阿兰·图灵在1950年提出，用来测试某种机器是否能表现出与人等价或无法区分的智能）的计算机出现时，毫无疑问，我们让软件变得越来越聪明。在第七波浪潮中，一个快速的、良性的、互相竞争的创新循环带来了无形的动力。随着软件变得更加聪明，这种嵌入式的智能应用广泛出现：商业应用程序中更加优化的推荐引擎、程序化广告投放（programmatic ad placement）、医疗诊断、呼出呼叫中心（outbound call-centre）系统、投资组合选择、风险分析和优化、产品定价、交通线路搜索。

一度认为只能由人来完成的任务和工作，现在越来越多地与机器一起完成。只要提供正确的数据，算法就可以进行调度、分析、决策、预测、诊断，甚至撰写新闻稿件。算法已经渗透到各种简单重复的任务中，为我们提供从大量数据中获取的有用信息。机器需要越来越多的数据，第一次打破了不同行业各个竞争公司之间的数据孤岛壁垒。在不久的将来，这种合作将对有关我们生活和健康的科学产生巨大影响。

浪潮退去之后

人工智能浪潮中的新赢家将需要数十年才能到达彼岸，随之而来的是新的战斗。竞争的目标以及存在机会的领域都将改变。开放和合作的软件供应链似乎是未来赢家的明显优势，但在很多方面，这种开放性让竞争更加激烈。不像微软当年进入第二波浪潮刚兴起的软件行业，进入第七波浪潮的公司将与许多以前的胜利者（包括IBM、微软、谷歌、亚马逊、脸书等）竞争。虽然风险投资家可能会继续将大部分资金投入到软件公司，但他们应该把目光投到以前那些赢家之外的地方。

企业家和投资者的目标都发生了明显变化。历史上，软件投资主要集中在开发工具、平台和应用程序领域的公司，以便让目标公司实现更高的运营效率或者更大的规模。在很多方面，软件商人及其风险投资人一直是企业的“弹药”提供商。但是亚马逊、网飞以及最近的优步、爱彼迎开始进攻传统企业的商业领域：零售、娱乐、交通和酒店等。现在软件的目的是提高用户体验，给予用户更大的选择权和透明度。

优步是一家成立于2009年第五波浪潮中的大数据公司。对于优步而言，每个人的口袋里面都有一个永远在线的、带有定位功能的多核电脑，能够让客户随时预订出租车。同样的设备可以让司机决定何时开工、收工。算法根据很多大数据源（从天气、新闻事件到其他交通事故）可以确定路费和最佳路线。不难看出，人工智能给优步带来了很大的好处，能够对其业务和客户有更深入的了解。机器学习能够让优步更好地预估供需来进行定价。自动驾驶汽车能够自己完成路程。自然语言处理将给其带来更多客户的反馈和数据。同样的故事也发生在爱彼迎和酒店行业。

企业家和风险投资家开始共同竞相瓦解能够被数字化的各行各业，为了追逐更大的机会，他们给全世界的商业下了挑战书。风险投资正在通过新的投资软件公司来瓦解一个行业——金融服务业。2015 年，投资达到 138 亿美元，这是 2014 年“金融技术”（fintech）领域投资的两倍，是 2011 年的 6 倍。其他行业也遵循着同样的模式。软件开发大军正在奋勇竞争。软件供应链（最大的开源软件仓库Maven Central的开源组件下载请求）表明开发的节奏在不断加速（见图 5–3）。

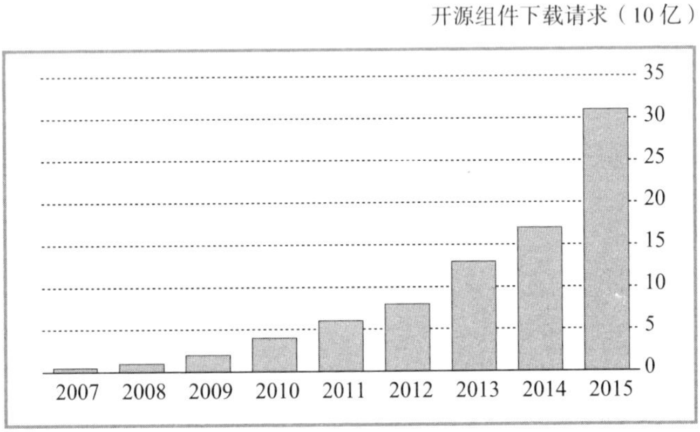

图 5–3　软件供应链

比尔·盖茨认为软件可以创造巨大的价值是正确的，但即使是他也认为目前人工智能进化为“超级智能”的风险还很小。人工智能现在还很稚嫩，在这波浪潮中，机器不太可能会具有比尔·盖茨、乔布斯、扎克伯格或者其他创业者那样的创造力。但是，现在毫无疑问的是，利用“互联一切”以及大数据来为客户提供服务、赋予客户更多的权力将是一个关键战场。

第 6 章　创新大辩论[①]

在未来，技术是否能像过去一样让经济发展和生产力出现飞跃？这引起了人们的激烈争辩。

在 2016 年年初的几个星期里，一个崭新的、光明的技术时代的黎明已经跃出了地平线。在欧洲，一队队卡车行驶在大路上，而司机则轻松地通过电脑控制着车队。在大西洋中部，私人航天公司 SpaceX，在计算机控制下成功地在一艘船上让一种可重复使用的、能把卫星送上太空的火箭着陆了。在首尔，由谷歌公司开发的强大的人工智能系统阿尔法狗（AlphaGo），击败了世界上最好的围棋选手。相对于象棋来说，围棋有更多可能的棋着，很难用暴力计算来破解。

在进入新世纪不到 20 年的时间里，人类正在创造各种似乎有无限应用可能的技术。然而，即使全世界都惊叹于这些奇迹，

① 本章作者瑞安·埃文特是《经济学人》杂志的经济专栏作家，著有《人类财富：21 世纪的工作》。

但对于未来的增长还是存在一些悲观的讨论。前不久，美国西北大学经济学家罗伯特·戈登出版了一本令人印象深刻的关于过去和未来美国生产力增长的书——《美国增长之兴衰：内战之后美国人的生活水平》(*The Rise and Fall of American Growth*)。在该书中，他认为 19 世纪下半叶伟大的革新浪潮带来了经济的腾飞，并为随后一个世纪生产力的快速提高提供了动力（见图 6–1）。电力、汽车、室内下水管道和现代医学带来的深刻变革，为随后几十年塑造现代世界的实践奠定了坚实的基础。

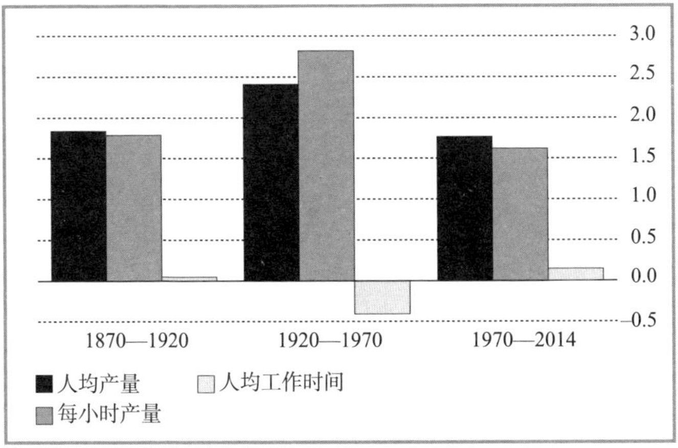

图 6–1　生产力之谜：美国劳动生产率每年变化变分比

戈登认为未来不会再重复这样的表现。他认为，数字革命虽然重要，但其转型潜力相对有限。信息技术数十年的进步并没有像 20 世纪中期工业革命那样带来人均产出（扣除通货膨胀后）的飞跃。人均寿命也不像以前那样快速增长。那些在 20

世纪50年代和60年代基于机器人、火箭和计算机等做出的美好愿景都没能实现。戈登只是用他身边的情况来支持他的论点。数字革命的奇迹提高了工人的生产率，但在扣除通货膨胀之后，他们的收入和半个世纪之前相比并没有增加。发达国家的社会充满了沮丧和愤怒，而不是满足和乐观。

未来技术是否会继续让我们失望，这是一个很难回答的问题。当机器可以用自然语言和人交流时，当人们自己都没想好要买什么东西，无人驾驶汽车就能够准确地把其需要的物品送到家里时，世界还会像现在这样无聊吗？戈登等人的回答是：是的。

数字技术还是不能像19世纪末的基础创新那样给生活水平带来同等的提高。更重要的是，它带来的创新将让人们更快地面临诸如人口老龄化、不平等加剧以及其他问题。

当然也有很多乐观主义者会说："不是这样的。"他们有更有力的证据。

令人悲观的数据和统计假象

生产力悲观主义者有一个很大的先天优势：数据就在他们身边。经济学家提供的生产力增长率，或者特定土地、劳动力、资本的产出量，这些都是收入和生活水平增长的关键因素。第二次世界大战之后的几十年里，发达国家的生产力快速飙升，但到20世纪70年代就急剧下降。在20世纪90年代后期，生产力反弹，特别是美国，很多经济学家欢呼信息技术红利到来了。但是到 2000 年中期，泡沫又破灭了，人们连复苏的希望都看不到。

这就是戈登所认为的全部。他认为技术热潮的高速增长是由数字化、个人计算机和互联网推动的。这些技术的最新进展就如同其过去一样，不足以提高生产力。移动技术和社交网络并没有给人类的生产力带来多少改变，风险投资家彼得·蒂尔说我们需要飞行车，得到的却是社交网络。无人驾驶汽车并不是生产力加速器，因为不管要不要开车，人们坐在汽车里面的生产效率就是那样。

另外，悲观主义者指出，支持现有技术进步的计算机创新的步伐正在放缓。半个世纪以来，工程师们成功地保持着摩尔定律的经验法则（见第 4 章），该定律假设芯片上的晶体管数量每两年翻一番。

戈登认为把所有的因素都考虑进去的话，在 21 世纪的上半叶，由技术驱动的复兴似乎前景暗淡。前途真的如此渺茫吗？

一些经济学家质疑戈登提出的问题是否只是一个统计假象：经济的衡量标准落后于技术的变革。服务业和信息产业在经济活动中占的比例越来越高，它们创造的价值比工厂或者农场的产出更加难以衡量。很多新奇的数字产品都是免费的，例如，维基百科或者谷歌提供的一系列服务。更为重要的是，消费价值的提升越来越依赖于质量或者个性化的提高，如根据听众个人喜好自动调整的流媒体服务播放列表。官方的统计很难覆盖这些方面。虽然统计数据不理想有一部分原因是测量不准，但统计人员认为这不是主要原因。在 20 世纪 90 年代，政府的数据采集存在很多同样的问题，但那个时候测量出来的生产力是高涨的。当研究人员试图估计对新技术的测量误差时，他们得到的数据远低于整体生产力中的预计损失。

所以戈登的理论对于过去几十年令人失望的经济不失为一种不错的解释，但是对于接下去的几十年，这肯定不是一个好的指导意见。事实上，悲观主义者在三个方面误读了技术变革的本质。

被低估的指数效应

首先，他们低估了计算机性能指数提升的累积效应。摩尔定律的确是在放缓，但其前面几十年的累积已经把技术带到了新突破的边缘。正如麻省理工学院的埃里克 · 布林约尔松和安德鲁 · 麦卡菲在他们最近的几本书中提到的那样，指数级增长的过程具有欺骗性。他们引用了一个古老的故事，一个人发明了国际象棋，国王问他想要什么奖励，这个人要国王以一种特殊的方式奖给他大米：在棋盘的第一个格子里面放一粒大米，第二个格子放两粒大米，第三个格子放四粒大米，以此类推，每个格子的米粒都是前面格子两倍。国王同意了，认为这只是微不足道的奖励。但是当超过棋盘的一半时（棋盘有 64 个格子），大米的数量已经非常大了，棋盘下半部分的第一个格子中要放 40 亿粒米，每个新格子需要的米粒是前面所有格子里面的米粒之和。

同样，摩尔定律早期每次带来的运算能力的翻倍增长为计算能力带来小幅但是极为重要的提升。随着时间的推移，每一代带来的提升都是前面所有计算能力的总和。在过去的十年中，悲观主义者一直惊讶于各种技术目标的实现，这些目标都是在几年前刚刚制定的。在 21 世纪前 10 年中期，自动驾驶汽车看起来在技术上还遥不可及，仅仅几年之后，谷歌的自动驾驶汽车就已经在街道上行驶，大部分汽车厂商都开始出售具有某些自动驾驶功能的汽车。阿尔法狗的胜利也比预计的来得更快。即使摩尔定律在未来会进一步放缓，每一代增加的性能也会比以前任何一次翻倍获得更大的性能提升。

第二个值得乐观的原因是，摩尔定律不再是技术发展的限制因素。芯片制造商正在尝试使用新的芯片和设计材料，以便当摩尔定律不再适用时能继续保持芯片性能的提升。亚马逊和谷歌等公司提供了大量的云计算能力，这意味着用户电脑芯片的速度将不再是限制其完成各种任务的瓶颈。另外，计算能力的提升也同样受益于算法的优化。阿尔法狗的胜利不是简单地通过暴力计算所有可能的棋着，而是使用更聪明的人工智能，思考打败对手的方法。

总而言之，这些因素意味着智能机器的能力还有更多的提升空间。同时，这些因素也说明计算能力的提升，并不是简单地每隔几年能够用更小的设备帮助我们更快地做事情。计算能力每一代的提升都能够推动技术突破新的瓶颈，为计算机用户带来更多的可能。

技术充分发挥潜力的滞后效应

如果这是真的，为什么技术进步不能带来生产力的提高？我们如何才能保证将来生产力能够持续提高？第三个也是最重要的能让我们保持乐观的原因是，学习怎么应用强大的新技术是需要时间的。

戈登对于数字革命的观点有点不太公允。他对于 19 世纪末到 20 世纪初，电气化和汽车等重大创新给发达国家带来的人均产出的持续提升有正确的认识。但是，他忽略了一个关键点：发挥这些创新的潜力其实用了很长一段时间。1890 年以前，科学家就已经在电力实验方面取得了很多重要进展，但是生产力的提高并没有立刻出现。直到企业发现了更好的供电新方法，其效用才一点一滴地显现出来。例如，电信很早就出现了，但是家庭和工厂大规模电气化以及其带来的生产力提高则要晚得多。

芝加哥大学的查德·希维尔森指出，电气时代生产率的提高并不是匀速的，相反，在加速上升之前的很长一段时间内都是令人失望的平缓发展。他将电气化时代劳动生产率的提高以及信息时代已有的记录对比发现，两者的模式非常相似（见图 6–2）。

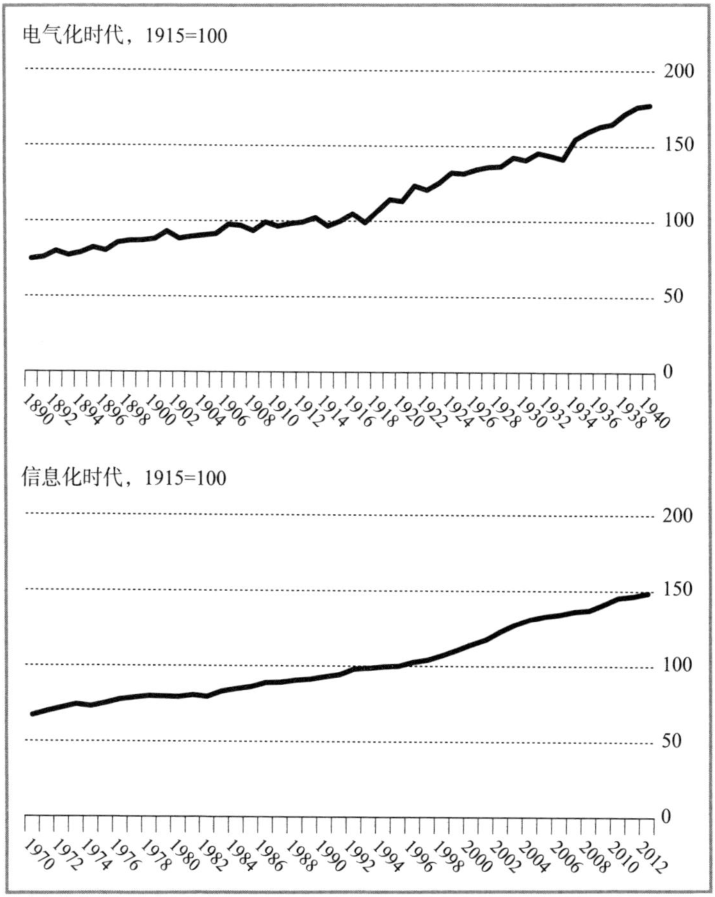

图 6–2 美国劳动生产率模式

技术的产生与充分发挥其潜力之间之所以存在滞后，主要是因为找到最好利用创新的方法并让世界对其适应需要时间。

在19世纪末期就已经出现了不用马拉的车（早期人们对于汽车的称呼），但是很久以后汽车才得到质的发展。制造商需要知道如何降低成本，政府需要修改法规并建设新的基础设施，企业需要围绕汽车尝试新的商业模式。

波士顿学院的经济学家苏珊托·巴苏以及旧金山联邦储蓄银行的约翰·费尔纳尔德说，这些动态关系意味着生产率的提高总是来源于以前的技术进步，平均是5到15年之前，有时候更长。20世纪90年代末到21世纪初的生产率提高主要是建立在几年前的智能商业管理软件基础之上的，而基于网络的商业模式的贡献相对较小。同样，在无人驾驶汽车开始对生产率增长做出贡献之前，还有一段时间。虽然目前增长缓慢，但机器学习的潜力不能被忽视。

另外，当今天的技术开始影响生产率的提高时，应该也是以我们现在难以想象的方法。卡尔·奔驰和亨利·福特可以把汽车想象为更好的“无马”车，可以让人们不依靠牲畜更快地旅行。但他们没法预见，汽车将给城市带来的巨大变化，或者国际贸易有一天会迅速扩张，这主要归功于集装箱、邮轮、卡车等一整套系统。

同样，我们也无法预料无人驾驶汽车的长期应用及其影响。几乎可以肯定的是，它们与需要人驾驶的汽车有显著不同。相反，汽车的根本性质将会发生改变。可能只有很少的人会自己购买一辆无人驾驶汽车，他们可能倾向于在想要用的时候租一辆。更为高效的道路以及更少的停车需求可能会改变城市的结构。但是当人们越来越习惯于按需获取他们的所需时，越来越多的交通将由无人驾驶汽车来完成。例如，某人可能在家里向电脑发送语音指令去当地的餐馆购买一个汉堡，餐馆会把食物放到一辆小型无人驾驶汽车上并运往目的地。机器将能足够聪明来为汽车导航（以后机器还能做更多的事），能够应用到经济体的方方面面：进行手术、辅导学生交流对话、运营农场以及管理能源系统等。

现在计算机已经足够小巧便宜了，可以嵌入所有一切物体。复杂的人工智能能够让它们以我们无法想象的方式来操作物理世界。但是，很明显这种变化给社会和经济带来的转变将与室内下水管道、汽车和电力带来的转变一样具有破坏性、一样强大。

技术变革带来的麻烦

有些悲观主义者还是有一定道理的，虽然不是戈登及其同行喜欢的那种。如果说想象人工智能控制的房子和汽车未来将怎样改变我们的生活还很困难，那么考虑社会为了适应这种变化面临的麻烦就容易得多了。这些诸如无人驾驶汽车和无人机之类的新技术已经引起了监管部门的注意。政府正在努力制定有关搜集和使用智能手机和其他联网设备获取的大量个人信息方面的法规，尽管公众对于政府监视这些数据日益感到紧张。

在下水管道之前，电力和汽车可以改变世界，社会不得不花费很多年的时间来投资建设新的基础设施，制定新的法律、法规来明确谁能拥有和运营这些网络及其资质要求，同时也涉及新的文化标准——哪些行为合适、哪些不合适。接下来的几十年，人类将再次经历这个过程。这将减缓创新的传播速度并削弱其对经济的影响。

最棘手的调整将是管理这些新技术对劳动力市场以及工人工资的影响。事实上，很有可能劳动力市场的麻烦会给新技术的使用及其生产率的提高带来严重的负面影响。在过去几十年中，发达国家的工人工资增长已经比经济增长慢了。与此同时，低失业率水平导致工资上涨的压力比以前要小（见图 6–3）。传统经济学家习惯于把生产率视为工资的决定因素：随着工人生产效率的提高，公司就能支付更高的工资。但是也有一些人开始质疑，低生产率和低工资之间的关系是否是双向的。

低工资能够让企业雇用工人，还能获取边际效益，并且继续让工人来工作，即使机器人或者软件能替代他们。例如，当有很多廉价的劳动力时，使用自动结账机就没那么有吸引力了。一些经济学家，如伦敦经济学院的约翰 · 保罗 · 佩索亚和约翰 · 范 · 雷宁认为，在大衰退期间，英国工资的下滑，能够帮助解释为什么在随后经济复苏期间生产率增长缓慢，因为低工资让企业的压力更小。同样，充足的廉价劳动力有助于解释，最近几年美国经济为什么能同时兼顾高就业率和低工资。

2000—2007 年和 2007—2014 年，实际小时工资的年变化百分比

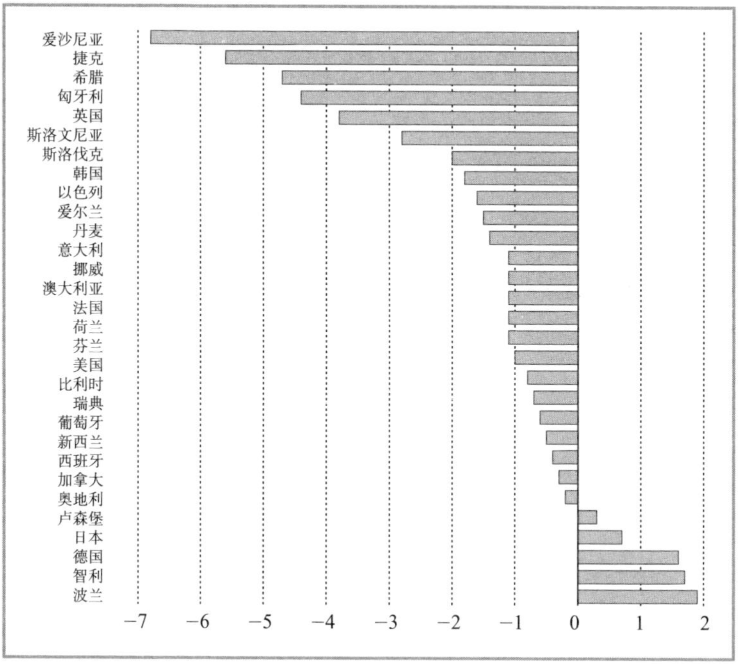

图 6–3　工资增长率

随着技术变得更加强大，雇主们能够使用其他方法来取代工人，提高他们的盈利，但是当工人被解雇后，还需要吃饭，寻找新的工作。随着过剩劳动力的增长，工资水平将停滞甚至下降。低工资最终又会吸引企业使用工人来做低生产率的工作。这会阻碍新的技术投资，这些技术有可能取代昂贵的劳动力：新的自动化系统或者机器学习系统能够高效地完成人们交付给它们的任务，并且费用也不高。

更加不平等的未来

商业以及整个经济对技术变革的适应方式几乎肯定会成为现在到2050年之间最大的社会和政治挑战之一。无人驾驶汽车、卡车会迅速地夺走发达国家数以千万计的工作岗位。人工智能系统会再取代几千万人，首先从客户服务代表以及办公室助理开始，然后是教师、医护人员、财务人员和会计人员。虽然有一部分人能够从这些创新中受益匪浅，因为他们拥有这些获利公司的股份，或者拥有适应这些新机器大脑的技能，但很多人会面临被替代的威胁，被迫与很多其他人竞争以获得工作或者为了保留工作而降低工资。

这种模式将会让人们和经济体在整体上更为贫弱。不幸的是，并没有简单的解决办法。政府可以开始向工人支付更多的工资补助，甚至向所有公民无条件地发放基本补贴。但这种补贴是非常昂贵的，并且需要向那些新技术的受益者征收更高的税。即便法律允许这么做，整个社会也得努力适应可以不劳而获的世界。

政府也可以选择为失业者提供为创造就业机会而特意安排出来的工作，但这样也是昂贵和浪费的。社会或许会变得比现在更加不平等，因为技术带来了一个廉价劳动力的下层阶级。

这种困难的社会转型是有先例的。在工业时代早期，工厂就业的爆炸性增长超过了社会的承受能力。工人潮水般地涌向城市的贫民窟，没有相应的基础设施提供清洁的水源、舒适的住房，以及处理垃圾、废弃物的设施等。糟糕的生活条件导致数百万工人死亡。那些幸存者挣着微薄的工资，失去工作就意味着面临致命的贫穷的风险。经过多年的劳工组织发展、社会的动荡、政治的改革甚至革命，才推动社会各方面向前发展，最终广泛地从技术进步中受益。这些改变使得工人有更长的寿命、更健康的生活，获得更多的教育，有更多的储蓄和投资，也提高了经济因利用新技术而具备的能力。

生产率和产出的增长有一部分令人失望的原因，是新的数字技术与 19—20 世纪的社会制度的碰撞。在没有新的变革和投资的情况下，经济领域将继续存在大量就业不足的低技能工人，他们将压低工资，阻碍新的智能机器人的应用。如果在未来几十年内，社会找到了让工人在工作地点和工作时间上有更多选择权的办法，那么企业就有更大的动力充分利用技术和劳动力。这样就能让生产率像 20 世纪最好的那几十年一样增长，让每个人的生活都变得更加美好。

MEGATECH

Technology in 2050

第二部分　各个行业的超级技术

第7章　欢迎来到2050年的农场[①]

一个拥有100亿人口的星球如何养活自己。

在2050年9月阳光明媚的一天，哈莫农场的农民吉尔斯在贝多芬的田园交响曲《牧羊人感恩之歌》中醒来。他的手机上的“收获”应用程序告诉他，十块大麦田中有三块的大麦已经成熟，其他的也将在未来几天之内成熟，到时应用程序会通知他。

他和妻子正在离家很远的城市中度周末。昨晚他们吃了鲈鱼，鱼很新鲜，餐馆说鲈鱼是当天下午来自当地Oceans Apart养殖场的远洋浅海养殖箱。配菜是来自Altitude的蔬菜——一家垂直农场连锁店，它们的口号是“食物来自城市，服务于城市”。

他揉了揉眼睛，把睡意拭去。他只需要简单地看看应用程序给出的意见并按下“同意”按钮，部署在云端的应用程序就

① 本章作者杰弗里·凯尔是《经济学人》杂志科学与技术编辑部编辑。

会开始调度机器人联合收割机。这台收割机是他与四位邻居共享的，他们也有几块麦地需要进行收割。不巧的是，刚好有一个冲突。应用程序显示所有需要收割的麦地比收割机能够处理的多出一块。当然，收割机可以整晚工作，因为它能够通过云端获得五家农户的精确地形图，所以它不需要真的看到它在哪里。但是它要沿着公路来往于不同的农场，在晚上法律不允许这样做。

所以需要有人好心退让一下，吉尔斯决定自己让一步。他的一块麦地可以等到明天再收割。他相信与邻居农场搞好关系是会有回报的。

大麦本身是不用施肥的品种，能够用其根部共生的细菌来固氮，并且大麦已经针对农场的土地以及最终的酿酒用途做了基因优化。鉴于他与总酿酒师保持着很好的关系，他期待着有一天他的农作物会变成一桶Old and Nasty，并突然出现在他的厨房门外。他会把酒糟回收，作为他养殖的抗病猪的饲料，这些猪都是半散养的，保证其最佳生长。当然，他也持有肉场（Muscle Factory）的股份，是IPO（首次公开募股）的时候买进的，但是通过宰杀生猪得到的猪肉的价格总是比人造肉更高。

肉场与它的竞争对手们彻底改变了局面。看看现在城市里的趋势，分成了非转基因食物主义者与动物福利主义者两派，他们在工业化肉类种植上吵来吵去还真是有意思，不过吉尔斯确定动物福利主义者会赢，最终他们的确赢了，这也是一件好事。20 世纪，农场都是让人厌恶的企业。在工厂里面为大众市场生产人造肉当然是一大进步。他已经盯上了Milkmade公司的IPO，这是一家准备生产人造牛奶的企业。

以上或者类似的场景就是技术专家们设想中的未来农业的愿景之一。还有其他的愿景，如亚洲农村的某个水稻种植者，或者中非地区某个住在茅屋里以农业为生的农民，加入经济作物的种植，这些经济作物的质量和产量也是使用基因编辑和基因选择技术进行过改良的，甚至可以使用移动应用程序来告诉人们何时种植、何时收割。

吉尔斯以及他的亚洲、非洲同行将受益于技术的进步，这些技术的前景轮廓已经依稀可见，它们的历史可以追溯到两个半世纪以前的播种机、作物轮耕、科学育种等，这些开启了18 世纪中期英国的农业革命。到 2050 年，经过三个世纪持续的农业技术改进，最初只能养活 10 亿人口，现在可以养活 100 亿人口。联合国粮农组织（联合国专门研究食品和农业的组织）预计到 2050 年，地球上的人口将更多，每人摄入的卡路里也会进一步提高（见图 7–1）。

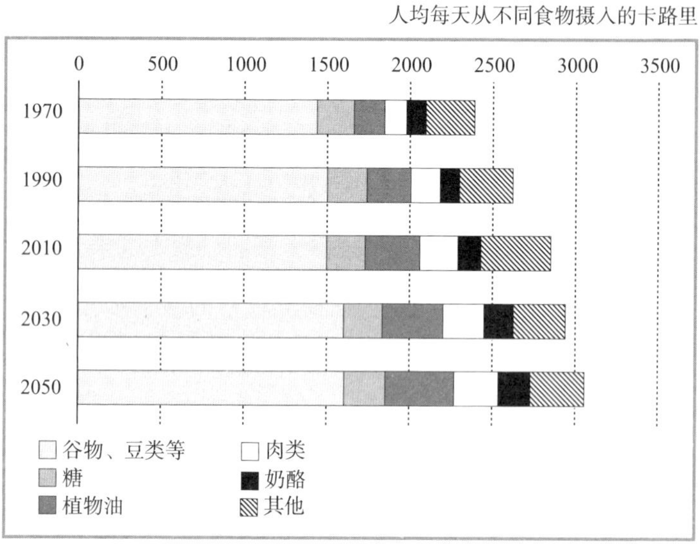

图 7–1　全世界的菜单

农业革命

关于 2050 年的农场有一点是可以确定的，它们将比现有的农场更加机械化、自动化和工厂化。杰斯洛·图尔发明的马拉播种机能够均匀地播种种子，这是所有机械播种机的祖先。到 2050 年，将会有自动拖拉机以及相关的设备、吉尔斯和其邻居共用的自动收割机、监控农作物生长的无人机甚至卫星。

很多农作物的灌溉（以及相关的肥料、除草剂和杀虫剂）将使用铺设在作物旁边的网格管道系统，而不是会造成大量浪费的喷洒系统。土壤监测器将自动控制这些管道。对于仍需要喷洒的东西，如需要喷洒到叶子上而不是土壤里的农药和杀菌剂，专用机器人将从无人机和卫星获得相关信息来完成工作，这些机器人都配有摄像头，能够识别杂草，并用激光除草。

另外，到 2050 年，农民与土地的关系也会发生改变。人们很早就认识到，土壤不仅含有各种矿物质，也是生活在其中的生物的产物。这就是它与月球及火星表面的土壤的区别。随着人们更全面地认识土壤中的微生物，我们可以使用“萝卜”汤森[①]的轮耕法以及弗里茨·哈伯的合成氮肥料来改良土壤。

能够直接从空气中固氮以及释放不可用磷的土壤将普遍推广，这将减少用哈伯法人工合成氮肥的使用。最有意思的还是更好地了解农作物与真菌的关系。很多植物似乎都与真菌有共生关系，直到现在我们才开始了解这些知识。到 2050 年，农学家们应该能够充分掌握并利用这些关系。

我们还不太清楚 2050 的农作物与现在的会有什么不同，主要是因为新农作物的开发即将迎来变革。基因工程虽然被认为将同时给农民和消费者带来好处，但其在 20 世纪 90 年代的起步却不太理想。这些基因工程公司没有发现把基因从细菌移植到玉米或者大豆中，以及通过放射性照射或者使用DNA突变化学物改变这些农作物的基因组之间的本质区别。即使有，它们也仅仅认为基因工程更好，因为其过程更可控。但是在各个非理性的游说团体的大肆宣传下，很多民众都相信了相反的

① “萝卜”汤森是指英国的查尔斯·汤森子爵（1674—1738），因在自己的农场使用轮耕法种植萝卜，被称为“萝卜”汤森。——译者注

结论。尽管抗虫和抗除草剂农作物在很多地方都种植得很好，但是进一步的基因改造，如增加农作物的营养价值，就被认为不值得冒险投资。

随着新一代更精确的基因编辑工具应用到农作物上，这种情况可能会有所改变。这次种子公司的公关部门首先要做好应对，向公众解释这些技术的价值，它只不过是成熟的育种方法，而不是“科学怪人”的行为。吉尔斯的固氮大麦就是这种技术的一个应用实例。如果公众能够接受，那么这些技术就能够更好地发展。油料作物就能提高营养含量，例如，加入更好的 ω-3 脂肪酸分子（现在大部分作物含有价值较低的 ω-6）。水果可以有新的口味或者提高现有的口味。通过对现有热带稀有农作物进行转基因，更有利于其在大众市场销售，发达国家的消费者将有更多的蔬菜可以选择。

不过 2050 年最让人称道的将是涡轮增压光合作用，能够让作物更快地生长。即使现在，研究人员也正在尝试给某些物种添加所谓的C4 光合作用，这些物种现在正进行更原始、更低效的C3 光合作用。这仅仅是开始，很多在植物中没有的光合作用过程存在于微生物中。有些已经可以移植到农作物中。如果有足够的消费者接受，那么未来二三十年，在农作物产量提高方面的创新将如同狂野西部一样，再也不用担心人类是否能养活自己了。

都市中的田园

虽然所有的这些想法从根本上扩展了现在农业的运作方式，但正与农民吉尔斯居住在城市里一样，2050 年的农业在某些方面将是崭新的。

城市蔬菜工厂将是这些新商业模式里面最平淡无奇的。这些工厂与机械化运输和超市出现之前为城市提供新鲜水果与蔬菜的市场花园（market garden）在功能上十分类似，形式上则存在不同。农产品将在采摘的当天被销售，通常也是当天就被人们消费。城市蔬菜工厂不是一个直接暴露在风吹日晒的环境中的市场花园，也不是现代园艺的温室大棚。相反，它们将是没有窗户的房子，不仅水和营养物质，就连光照也是精确控制的。照明中的光谱将调整到与叶绿素所需使用的光谱完全一样，这样就不会浪费一个光子。

比城市蔬菜工厂稍微新奇一点的是城市养鱼场。鱼类养殖业是 20 世纪末到 21 世纪初最成功的行业之一。2015 年，人类生产的鱼类蛋白量超过了牛肉（见图 7–2）。这些养殖场大多是使用淡水池塘或者海湾的网箱进行养殖。城市养鱼场将通过室内的封闭循环系统模拟海洋环境，把受精卵培育为成鱼，然后再用一部分成鱼繁育下一代。另外，如果这种方法能够很好地应用于已经人工养殖的品种，那也将为养殖新品种开辟一条道路，如金枪鱼，这就像是在海洋中重新来了一次石器时代的陆地农业革命，现在对人类很有价值的大部分家畜都是在那时驯化的。

图 7–2　奋起直追：全球渔业与牛肉产量

这个过程可能会让我们的饮食结构发生很大的改变。鱼类能够高效地把饲料转换为肉质（效率远远高于哺乳动物，因为鱼是冷血动物，而哺乳动物是温血动物），因此可以想象，到 2050 年，鱼类将成为动物蛋白的主要形式。也有可能不是这样，因为那时可能会有最新的农业形态：真正的工厂化农业。如果这种技术成为现实，那么供人类食用的动物产品将直接由细胞培养而成，而不需要养殖真正的动物。

到 2050 年，牛肉和牛奶很有可能大量生产。鸡蛋亦是如此，虽然可能没有蛋壳，这些鸡蛋主要用于工业领域，而不是在商店里销售。更大胆一点猜测，可以不需要动物就能生产肝脏和肾脏等动物器官。就像吉尔斯看到的那样，农业的这种进步可能会引起两个不同的理想主义群体之间的冲突：那些反对一切“合成”食物的群体，以及反对动物养殖，特别是圈养的群体。动物福利主义者很可能会赢，例如，如果可以不用残忍的方法来生产鹅肝，有谁能抵制？

前事不忘，后事之师

和以往一样，技术变革的推广将给社会带来变化，同时也受制于社会的变化。农民一直是保守的群体，而消费者在第二次世界大战后经历了对工业化和商业化食品的广泛接受后，也似乎开始变得保守，至少在部分发达国家是这样的。虽然无法预测消费者的需求将如何改变，但是至少对于某些农民来说，过去的社会变革对于未来是有指导意义的。

特别是在某些较为贫困的地区，如非洲，那些以养活自己为目的小农户将被整合到以产品销售为目的的商业化农场。这将涉及把现在仍是集体制形式的土地进行私有化，以及把传统作坊转型为企业。发达国家的农业很久以前就曾经历过这些，不管结果是好是坏，都已经写进了历史书。这种土地所有制的改变，能够让本章预测的技术应用到这些地方，同时也有利于把现有技术推广到当地。

这样的结果就是留在土地上的农民会获得更高的收入和收益，而没有了土地的剩余劳动力将会到城市里找到更好的就业机会。如果进展顺利，到 2050 年，非洲的房地产代理可能会掌握其欧洲同行100年前发明的伎俩，以前那些狡猾的商人把农民居住的泥巴糊墙的茅草屋美其名曰最好的第二寓所，吸引城市居民疯狂抢购。为什么维多利亚湖畔或者维龙加山谷中的茅草屋不能有同样的命运呢？

第 8 章　医疗保健和病人的权利[①]

医学的快速进步将同时让人类和社会受益匪浅。

一直以来，医学都是艺术和科学的结合，但是以前技术从来没有像现在这样驱动医疗的进步，这样具有颠覆性。从历史上来看，医药技术的生命周期比其他行业要长，不过医药技术的进步正在加速。从现在到 2050 年之间的巨变中，有一件事是清楚的：患者，而不是技术，将会推动变革。这意味着医疗行业将更加与其他行业类似，患者将被视为客户。

我们只需要回顾一下 15 年以前医疗技术的进步，想一想当时发明的新技术给今天医疗保健带来的影响。

2000 年，人类基因组测序的完成，一开始就引发了各大技术公司争夺临床测序业务。大部分公司很快就破产了，因为数据库太大了，并且缺乏如何临床使用数据的知识。但是，10 年

① 本章作者基安里科 · 法鲁吉亚是美国佛罗里达州杰克逊维尔梅奥诊所首席执行官，医学和生理学教授，肠胃病学专家，是个性化医疗的先驱。

前被大部分生命科学公司放弃的技术，现在已经成为医学研究和医疗保健最热门的技术之一，也引起了很多国家的政府的关注。我们可能会认为，这种 180 度的大转变有点突然，但实际上在其价值显现出来很久之前就已经埋下了种子。现在，随着技术潜力被商业化，其价值也就凸显出来了。我们同样可以利用医学领域内外最新的科技进步来预测未来几十年医疗保健主要技术的发展。

大数据和人工智能

长期以来，医生在进行诊断时缺少足够的数据，现在他们面临相反的问题：知识超载的风险。直到不久以前，我们还在使用一张 X 光片来诊断腹痛，现在我们使用磁共振成像技术在相同的时间内可以产生数百张图像。在开始使用数字技术进行诊断失败后，医生和软件公司转向了计算机辅助诊断工具，使用计算机算法来指导数据分析，医生仍有最终的发言权。虽然在 20 世纪 50 年代，自然语言处理技术就已经出现，但它对医疗保健的重要性直到最近才显现出来。现在我们的数据集已经足够大、机器学习已经足够复杂、投入的资金已经足够多（2015 年全球达 85 亿美元），人工智能将成为医疗保健领域的搅局者已经日益明显。我们将看到一个新专业领域的出现：通过总结历史信息，确定正向测试结果和诊断的可能性，解读测试结果，聚合不同的数据以及个性化的患者跟踪。现在由人来完成的工作将越来越多地由具有学习能力的机器来完成，从重症病房各项生命体征的监护到分析诊断图像和进行最复杂的手术。

这条发展路线与汽车工业十分类似，从巡航控制到自适应巡航控制，现在正在向无人驾驶汽车发展。未来，生命科学家将与软件工程师建立更紧密的伙伴关系，开发不仅有用，还符合医生思维模式的医疗保健技术。这将促进商业市场的发展，将生产更为复杂的人工智能工具，在某些认知工作中甚至超过医生。

再生医学和生物药剂的兴起

在短短的 10 年里，再生医学从一个崭露头角但充满希望的领域成为现实。人的身体具有难以置信的内在自愈能力，我们刚开始利用这种能力。一种称为“自体疗法”的治疗方法可以在实验室里再生病人的细胞，然后移植回病人的身体，这些再生细胞就像引擎一样驱动身体的修复和痊愈。这些技术进步将给各类疾病的干细胞疗法带来希望。

随着生物制剂对部分疾病疗效的确定，以及再生医学的临床作用越来越大，生物工程改造的天然产品将会稳定增长。药品级干细胞的商业化生产是一项新兴需求，将推动现有公司和新公司在该领域的投入。现在大部分生物药剂是非细胞的（如单克隆抗体、生长因子等），但这一切都将改变。如果针对不同疾病，如关节疼痛、心力衰竭、中风、ALS（肌萎缩侧索硬化症），甚至糖尿病和脊髓损伤等疾病的干细胞疗法能成功地进行大规模临床实验，那么这些具有特定数量、纯度和发育阶段的按需个性化干细胞需求将催生一个全新的产业。

生物药剂产品源自患者的需求，将患者和制药公司联系在一起。它极大地模糊了生产/制造（制药公司的传统职责）与分发（医院的传统职责）之间的界限。这将需要一个目前不存在的新业务，把传统生产企业和生物制剂公司整合在一起。当前的供应商将无法大范围地满足患者的需求。对于使用临床级再生医药产品来广泛改善人们的健康状况，我们需要创建一个全新的供应链来整合流程中的各个部分，确保产品质量从生产到分发保持不变，同时能快速响应个性化需求。因此，整个供应链上的各个部分都将面临极大的机会，单一类型的公司是无法提供所有服务的。所有的专业领域都有发展机会，如支架材料、按需的干细胞生产、生物仪器等方面。

人类在免疫相关疗法和疫苗学领域也取得了重大进展。我们已经看到免疫相关疗法对于某些癌症和风湿病的作用，该领域将继续扩展到心血管疾病、自身免疫疾病以及其他疾病。疫苗仍然是预防乙型肝炎、脊髓灰质炎和流感等疾病的主要方法，天花已经被消灭了。除了一些特例，疫苗对于活动性疾病（active diseases），不管是传染病，还是肿瘤，并没有很好的效果。随着治疗性疫苗与目前的预防性疫苗的结合，这种情况在未来几年会有所改变。目前已经有超过 1000 种针对不同疾病的主动疫苗临床实验正在进行中。

其中一个新兴领域就是使用疫苗来抑制自身免疫性疾病相关的免疫系统病变，包括I型糖尿病。我们已经发明了针对某种特定传染因子（如人乳头状瘤病毒）来预防癌症的疫苗。但是，很多初期很有希望的癌症疫苗没能通过最终的临床测试，这降低了大家的热情和投入。目前正在进行的一系列新型的针对多种癌症的晚期癌症免疫实验对于该领域的未来至关重要。另外，也有人对基于肿瘤基因组测序的个性化新型疫苗很感兴趣。虽然治疗性疫苗的进展常常见诸报端，但预防性疫苗还是将会有很大的市场，特别是针对结核病和呼吸道感染等耐药性增强的传染因子。

进一步整合数据，刻不容缓

由于遗产系统以及繁文缛节的存在，医疗机构为患者收集的信息，与患者通过非医疗认可设备（如大部分的可穿戴设备）获得的数据基本上是完全分离的。对于大部分消费者来说，这是不可接受的，这与我们其他非医疗的生活经验很不同。下一代的电子病历系统能够比现在更好地处理不同的数据，但仍然会有很大的鸿沟。

这将带来新的需求。提供数据采集和电子病历系统录入服务的数据聚合商以及技术公司将获得很大的市场。我们将看到很多新兴的技术公司，为健康的人、患者和医疗公司服务，能够对大量文字和数字的数据集进行分析，从格式化及其非格式化的数据中给出决策建议。消费者使用自己的设备获取的信息在质和量上将都有所提高，接近临床级别，并且与医疗保健相关，这样就有必要把这些数据纳入电子病历。可穿戴设备已经能够提供全天24小时的数据。这就带来了另外一个需求：使用技术把消费者获取的无效数据与有效信息分开，这样才能给健康和疾病管理带来帮助，而不是造成混乱。

人联网过程中遇到的问题同样适用于家庭联网。技术能够让我们逐渐避免去医疗机构，家将成为我们自身的延伸，能够收集我们的健康信息，让我们保持健康。医疗机构将使用我们的家作为医生的办公室，并且可以访问家庭采集的数据，从而避免大部分的上门就诊。我们将需要可穿戴设备所使用的技术来指导交互，确保医生关注我们的需求，而不是仅使用技术来做决策。

个性化医疗和“组学”的时代

2000年宣布人类的基因组测序草图，5年后测序基本完成，开创了基因组学（我们所有基因和DNA的综合）的新领域。同时也带动了其他几个新的“组学”，包括药物基因组学（研究药物与我们基因之间的交互作用）、表观基因组学（研究DNA保持不变的情况下改变基因表现）、蛋白质组学（对蛋白质结构、功能以及随时间和疾病变化的大规模研究)。基因组学在商业及其医疗方面的前景一直被抑制，因为对于成千上万的基因变异中哪一个引发了我们的疾病、哪些变异的组合对我们的健康有益、哪些又有害，我们缺乏了解。早期的测序成本也是一个限制因素，如果能对基因组某些部分进行更深入的测序，并且测序成本低于 200 美元(现在是 1000 美元)，那么成本方面的障碍将消除。我们对于变异方面的认识，将成为“组学”测试和疗法广泛使用的重大障碍，不过可用的数据库正快速增长，这表明大概在 5 年后这种情况将有所改善。

实验室检测将明显加速下一代测序的使用，目前的测序主要用于新生儿筛查、荧光原位杂交以及各种基因检测。在罕见病的诊断中，使用全外显子组或者基因组测序将从最后的手段变成首要的检测，市场将被极大地拓展。现有研究表明，对于这些罕见病，全外显子组或者基因组测序能够更快、更便宜地找到症结。随着质谱分析、蛋白质阵列、纳米技术，以及基于蛋白质组学检测的推广应用，我们将从基因组信息层面扩大对疾病的认识，同时也可以增加对动态疾病状态的理解。虽然微流控技术在实验室诊断方面的应用已经暂停，但是该技术将重回实验室，将化整为零，在即时检测方面发挥作用，例如，智能互联家庭检测。

药物基因组学将是当前实验室检测公司和直接面向客户的创业公司的快速增长领域。在所有的“组学”领域中，该领域拥有最实用的数据和现成的交付渠道，可能会快速扩张。目前超过 150 种（占总数的 13%）药物的标签上有基因组信息。随着价格的下降，随着医生和药剂师在数据分析、处方选择和剂量使用方面更加得心应手，从全基因组数据中获取药物基因组学信息，以及特定基因的靶向测序将成为可用的平台。还有待解决的是药物基因组学基因测序与当前电子病历、处方药物软件的全面整合。

靶向治疗（针对特定患病分子或细胞，而不是所有细胞）将主导药物的开发。虽然大多数人把靶向治疗与癌症联系在一起，但是该领域的应用更为广泛。根据美国食品药品监督管理局（FDA）的数据，目前流通的药物有 43% 是靶向治疗药物。2014 年，FDA 批准的药物有 20% 用于靶向治疗，2015 年上升到 28%。该领域的增长是由于下一代基因测序的良性反馈循环。目标的识别促进靶向治疗的发展，然后对于治疗目标需要更多的了解，从而进一步推动基因检测发展。

表观基因组的变化涉及很多可逆慢性疾病，包括糖尿病、肥胖症等新陈代谢病以及心脏病、癌症等，因此大家对这个领域很感兴趣。人们对于表观基因组变化引起的疾病存在可逆性的认识越来越多。表观遗传的改变可以通过各种机制发生，其中大多数是最近才被人们发现的。我们将看到越来越多的 DNA 去甲基化药物以及针对每种机制的药物的发展，例如，溴结构域抑制剂、组蛋白乙酰基转移酶抑制剂、组蛋白脱乙酰酶抑制剂、组蛋白甲基化抑制剂和蛋白质甲基转移酶抑制剂。另外,我们可能会看到表观遗传学药物与免疫调节结合成为标准的化疗方案。

分子影像

先进的影像技术，如计算机断层扫描（CT）和磁共振成像已经有 40 年的历史了。虽然已经有了很大的改进，并将继续作为核心技术使用，但是将分子影像与这些技术以及其他新技术进行结合将成为影像技术下一阶段的主角。

分子影像把诸如辐射、超声、核磁或者光的传统成像方法与针对某个细胞或者细胞结构（如特定分子）的靶向技术结合在一起，在医疗保健领域，是指针对特定分子或者路径使用影像探针，并在体外进行可视化。正电子发射断层扫描（PET）是最有名的分子影像技术，依靠同位素发射正电子。组合影像技术将在未来几年快速发展，将主导技术的进步。将PET提供的分子定位与CT和MRI的扫描图像进行组合将越来越普遍，对比度更高的新造影剂的使用也将得到推广。

超伦理问题

这只是对在可预见的未来，技术将如何改变医学的惊鸿一瞥。在这些领域，我们仍然需要更多新的、颠覆性的医疗技术，特别是残障和慢性病在老龄化人口中的逐渐增多。

对于未来我们有足够的理由感到兴奋，但并不是一点风险都没有。我们生活在一个创新速度被互联加速的世界。应用程序和移动设备作为交付和消费平台已经成为医疗健康领域的主流。人类需要进一步制定标准来规范使用移动设备作为医疗健康产品提供医疗级别的数据，这将使得诊断检测更加分散和大众化。

监管环境以及人类适应能力越来越跟不上创新的步伐。我们该如何紧跟创新？我们该如何决定谁有权使用某项创新技术，谁来承担费用？谁来保证患者的最大权益？由于远程医疗的存在，能够让我们更快地提供更好的服务，也可以为偏远地区的人提供服务，但是传染病的传播速度也越来越快。

关于这些问题，伦理将是我们主要考虑的因素。我们有责任确保患者的需求永远被放在首位，而不是技术。不能为了追求知识而变成浮士德（把灵魂抵押给魔鬼），而应该有利于人类。

第 9 章　能源技术：再生能源的崛起[①]

由于太阳能和风能发电，以及储电技术的进步，能源的消费模式即将迎来剧变。

工业革命之后，化石燃料成为世界的主要能源来源，这带来了经济的腾飞、生活水平的提高以及社会的繁荣。很遗憾，它也带来一个负面影响：化石燃料的燃烧将大量的污染物和二氧化碳排放到大气中。一个多世纪以来，人类一直依靠这种肮脏的、有限的、给气候带来不可逆影响的能源。

在未来几十年中，将会发生巨大的变革：远离化石燃料。技术的提高和成本的降低都很显著，特别是太阳能和风能，即使在 2020 年之后各国政府不再给予补贴支持，其发电量占比也可能从现在的 5% 上升到 2040 年的 30%（见图 9–1）。另外，蓄电池的质量越来越好，越来越便宜，能够成为电动汽车的推动力，也可以保存更多接入电网的再生能源电力。

---

① 本章作者安妮·舒卡特是一位自由撰稿人，其文章常见于《经济学人》科学与技术栏目。

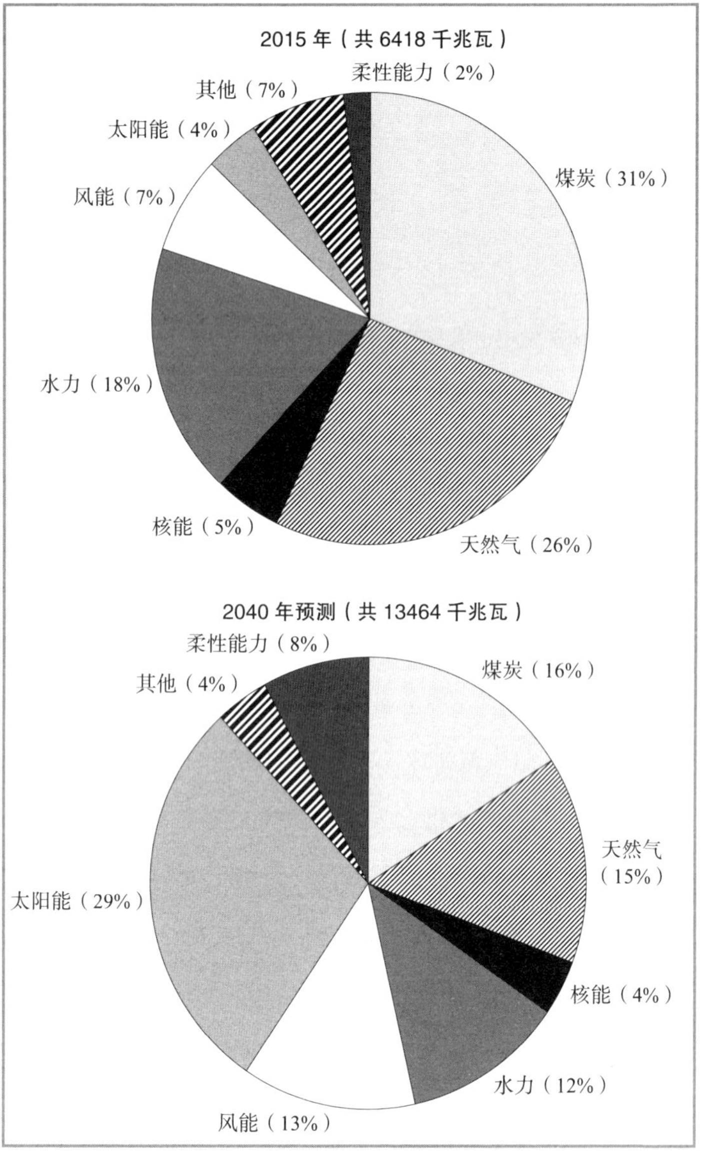

图 9–1　走向绿色：全球电力构成

这种变革的迹象已经很明显。根据国际能源署（IEA）的报告，2015 年可再生能源的发电量占新发电量的 90%左右，其中风力发电占了一半以上。同样，调查公司彭博新能源财经的创始人之一，迈克尔·里布瑞奇也表示，现在全球电网的新增发电量中，来自可再生能源的电量已经超过了化石燃料。作为开拓者，德国和加利福尼亚州的可再生能源电力占比达到了 30%。

化石燃料不会突然消失，相反，它们的使用将随着时间的推移逐渐减少。但是历史上能源来源经历了一段只有几十年的剧变，即从木材到煤炭再到石油和天然气（见图 9–2）。由于 2/3 的温室气体排放来源于能源的生产和使用，下一次转型的速度和广度将决定能否把全球变暖控制在最低水平。

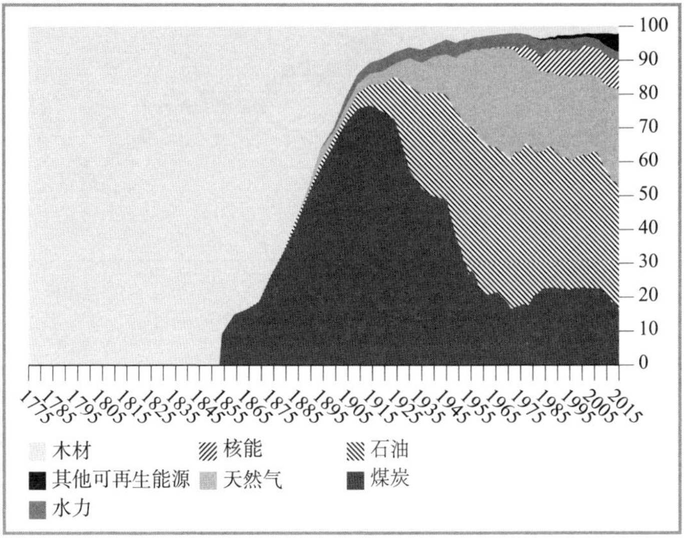

图 9–2 美国能源消费变化

阳光普照

自从 1954 年贝尔实验室推出了第一块实用的太阳能电池以来，太阳能发电已走过了很长一段路。从那个时候起，太阳能到电能的转换效率几乎翻了两番，从最早的 6% 提高到现在最好的硅电池板的 23%。同时，光伏模块的成本从 1950 年的将近 300 美元每瓦，下降到现在的大概 60 美分每瓦（见图 9–3）。因此，在没有政府补贴的情况下，相对于化石燃料，太阳能发电在成本上已经具有了竞争力。

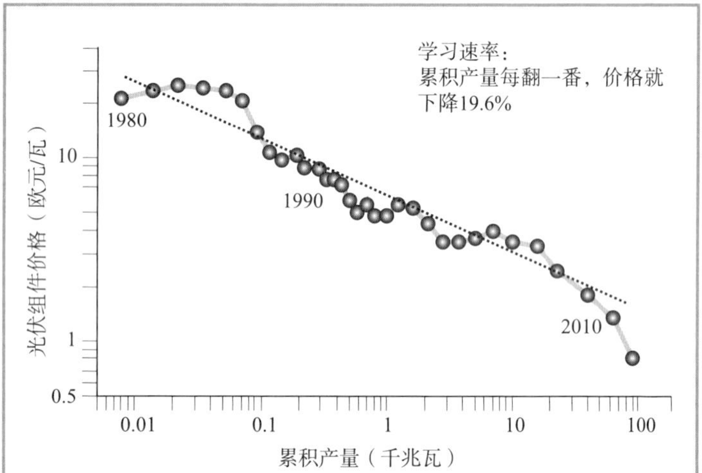

图 9–3　太阳能成本曲线

目前太阳能发电占全球电力的 1% 左右，虽然这看起来很小，但光伏产业一直在蓬勃发展。光伏装机量在 2000—2014

年的年复合增长率达到 44%。自 2012 年以来，全球的太阳能光伏发电量比以前所有的加起来还多。

太阳能电池由吸收太阳光并将其转换为电能的材料制成，目前最常见的材料就是硅。这是一种脆性材料，为了更耐用需要封装并安装在刚性框架中，这就限制了面板只能安装在屋顶，或在野外大面积安装。但是，根据麻省理工学院的一份报告——《太阳能的未来》，即使没有重大的技术进步，目前的硅基太阳能电池技术也已经足够完善，在 2050 年之前将得到广泛应用，实现碳排放量的大幅减少。

报告也指出，目前正在开发的技术有可能更容易、更便宜地制造太阳能电池，并且可以以各种方式安装，转换效率与硅差不多。新的太阳能电池材料可以在柔性基板上得到更薄的沉积层，因此更加轻便、更容易安装。另外，由于它们使用透明材料制成，吸收人眼不可见的光，能够融入周边任何环境。该报告的作者——麻省理工学院新兴技术系教授弗拉基米尔·布洛维奇表示，新技术具有在任何物体表面发电的潜力。

如果真是这样，那么太阳能电池将得到更为广泛的应用。在接下来的几十年中，随着这些技术从实验室走向市场，它们首先可能出现在小型电子消费品上，以及窗户玻璃的透明膜上，然后成为纺织品的一部分，包括窗帘或者衣服。

硅太阳能电池以及新兴的薄膜太阳能电池的材料都很丰富，可以进行大规模生产，进行大规模安装部署也没有问题。

根据麻省理工学院的计算，到 2050 年，如果美国所有的用电量都使用硅基太阳能技术来发电，那么将需要整个国家 0.4% 的国土面积来铺设太阳能面板，也就是大约西弗吉尼亚州的一半。但是，如果在美国阳光最充足的地区安装最有效率的太阳能面板，那么这个面积可以减少约 2/3。

风中摇曳

与太阳能类似，风能也是广泛分布、无污染以及可再生的能源。目前风力发电机提供全球约 4% 的电力。风力发电成本从 20 世纪 80 年代的每千瓦小时高达 30 美分下降到目前的每千瓦小时 3 美分。

早期的风力发电机体积小巧，容量只有几十千瓦，现在的发电机更大、更高，容量通常在 2.5 兆瓦左右，轮毂高度为 80—120 米。轮毂更高的好处在于可以在较高的地方获得更高的风速。同时，更长的叶片和更大的转子可以扫过更宽的区域，在同一位置获得更多的能量。

美国能源部《风能愿景》报告的管理顾问埃德加 · 德莫奥说，技术的持续进步为风力的开发利用开辟了广阔的应用空间。这份报告于 2015 年发布，展望了 2050 年美国风力发电的潜力。根据该报告，下一代风力发电机可以增加将近 190 万平方公里的风能可用区域，将是使用旧涡轮发电机技术（2008 年开始使用）的三倍。

目前风力发电行业主要是使用传统的三叶片涡轮发电机，其他的设计也正在开发中，包括双叶片发电机和无扇叶振荡杆。获得最多资金投入的可能是加利福尼亚州的Makani公司，它正在开发机载风力发电机，使用绳索连接并把能量传输到地面站。该公司的螺旋桨“能量风筝”采用与传统涡轮风力发电机相同的空气动力学原理，但可以升到310米的高空，是涡轮风力发电机高度的两倍，另外，它使用的材料更少。

2013 年，Makani被谷歌公司收购，计划在夏威夷进行600 千瓦原型机的测试，正在与当地的飞行员以及美国联邦航空管理局合作，以提高风筝的可见度。挑战传统涡轮发电机的统治地位并不容易，美国国家风力技术中心的总工程师保罗·维勒斯说，传统的风力发电机具有 30 年的先发优势，已经有确定的设计标准，并且涡轮发电机技术也在不断发展。随着转子和塔架越来越大，陆地运输成为一个挑战，相关公司正在研究在现场进行组件的组装或者生产。据美国能源部风能技术办公室主任乔斯·萨亚斯介绍，叶片模具的3D打印正在从草图绘制转到原型设计。该技术应该比使用传统的模具更快速地制造叶片，并且可以把成本降低 5%。研究人员还在调查优化风电场布局和运行的方法，这样可以用较少的额外成本把生产效率提高大概 5%。

多年来，主流能源预测大大低估了太阳能和风能发电的增长速度。例如，国际能源署 2008 年的《国际能源展望》预测，太阳能发电到 2030 年可以提供全球电力的 1%，但这个目标提前 15 年，在 2015 年就实现了。

太阳能和风力发电有一个缺点：它们都是间歇性的——夜晚没有阳光，风不能总是吹。公共部门把波动性可再生能源接入到电网需要一个学习过程。现在可以用复杂的预报方法来预测什么时候太阳被云层遮住或者什么时候起风，电网运营商可以在更多的时间内调节供需平衡。高度互联的电网可以把多余的电量长距离地传输到最需要的地方。如果太阳能或者风力发电不足，天然气调峰发电厂（natural-gas peaker plant）就可以快速点火发电。

并不是所有的电网都是这么强大或者互联的，有些地方根本无法进行远距离输电，或者在需要时快速启动发电。另外一个平衡间歇性可再生能源峰谷的解决方案是把多余的能源存储起来供以后使用，随着太阳能和风能发电在电力生产中的占比越来越大，这种技术将变得至关重要。

人民的力量

虽然现在有很多储能技术，但大部分都很昂贵。最普通、技术含量最低的就是抽水蓄能电站，将水抽到一个位置较高的水库，需要时将水释放出来冲下水库并带动涡轮发电机。另外一个方法是将空气压缩到大容器或者地下洞穴里，当需要时，释放空气来带动涡轮产生电能。

很多不同类型的可充电电池也可以用于存储电能。电池是由电化学电池组成的，使用化学反应来发电。锂电池目前越来越受欢迎，因为它相对较轻，可以将大量的电能储存在一个较小的空间内，现在从各种便携式电子设备到电动汽车都在使用这种电池。科学家们认为，他们能够进一步改进电池的设计和组成，能够使现有的能量密度翻一番。

另外一个很有希望的电网技术是液流电池。它由一组分别装有两种不同液体的容器和一块单独的电化学电池组成。当这两种液体被泵运送通过电池时，离子通过薄膜从一种液体流向另外一种液体，电子流向外部电路。因为液流电池是把能量存储在液体电解质中，所以其能量密度由存储容器的体积决定。目前这种电池还没有进行量产并销售，但是，如果可以使用廉价而且毒性较小的材料来制作，那么它们将得到更为广泛的应用，可以用于几个小时的电能存储。

加州之梦

与发电量相比，全球的电能储存量很小，但这将在未来几十年内有所改观。加利福尼亚州要求在 2030 年，可再生能源的发电量达到 50%，要求三家最大的私营公共事业公司在 2020 年之前使电网增加 1.3 千兆瓦的储能容量。南加州爱迪生公司（Southern California Edison，SEC）是一家为加利福尼亚州中南部 1500 万人提供服务的公共事业公司，已经采购了几百兆瓦的存储容量。爱依斯能源储存公司（AES Energy Storage）是能源巨头美国爱依斯电力公司（AES）的子公司，正在为SCE安装一个100兆瓦的巨大的锂离子电池系统，能够快速灵活地提供长达4个小时的电力。SCE还在与硅谷的Stem公司合作，该公司将小型模块化的锂离子蓄电池与智能软件整合在一起，能够减少企业的电力成本，并且为电网提供服务。它与SCE的合同要求在10年内，Stem为SCE的客户安装大概1000个85兆瓦的分布式储能设备。

美国调查公司GTM Research的能量储存总监拉维·曼哈尼表示，到2020年，大部分新型电能储存设备将被安装在“电表后面”，不仅是公司，还有家庭。德国公共事业公司RWE的能量储存专家克里斯汀·梅茨格也给出了同样的预测。他预计在未来几十年，德国各地公共事业公司客户的分布式电力存储容量联合在一起将很大，足够为电网提供各类服务，这将使得建造昂贵的大型存储项目变得不必要。只有在2050年之后，当可再生能源为德国提供80%以上的电力时，才需要额外的长期电力存储设备。

根据调查公司Navigant的研究显示，目前全球的新能源存储系统基本都在使用锂离子电池技术，大概占了全部存储容量的85%以上。加利福尼亚州的特斯拉汽车公司正在与其电池供应商松下公司一起在内华达州建造一个价值50亿美元的超级电池工厂——Gigafactory，以满足市场对其汽车不断增长的需求，以及用于家庭和企业的模块化储能系统——Powerwall 和 Powerpack。其他大型锂离子电池制造商也在扩大生产规模。

由于规模经济、垂直整合和其他效率的提高，所有这一切都将大幅降低电池组的成本。根据彭博新能源财经的报告，电动汽车的电池组成本可以从现在的 350 美元每千瓦小时下降到 2030 年的 120 美元以下，这将使得电动汽车能够在没有任何补贴的情况下与传统汽车进行竞争。报告指出，到 2040 年，全球新车销量的 35% 都将是电动汽车和插电式混合动力汽车。

随着可再生能源在电力行业的份额增加，给电动汽车充电的能源将日益来自清洁能源。另外，在用电高峰时段，电动汽车车主可以把他们汽车电池的电力提供给电网，以降低他们的电费。电网将变得更加干净、更加联网以及更加分布式。家庭客户和商业客户不仅可以自己用电池存储能量，还可以把多余的能量卖给别人。

路漫漫

尽管可再生能源和相关技术从现在起到 2050 年将带来巨大的影响，但其他能源技术也将继续发展。与可再生能源一样，核能也可以发电并且不会释放影响气候变化的气体。核裂变是由较重的原子（如铀）分裂成较轻的原子，并在这个过程中产生能量。第一批核电厂是在 20 世纪 50 年代开始运行的，目前全球大概有 450 座核反应堆，提供全球电力的 11%。国际能源署估计，到目前为止，核能大概减少了两年目前的全球二氧化碳排放量。

在 2011 年，一场地震及其随后的海啸对日本的福岛核电站造成了一系列熔融。虽然释放的辐射没有杀死任何人，却导致了超过 15 万人流离失所。公众对于事故进一步发生的担忧以及对放射性废弃物管理的关注，使得很难建造更多的核电站，特别是在西方国家。

目前正在建造的 60 多座新反应堆大部分都在印度和俄罗斯等国家，这些国家的监管障碍及其带来的成本较低。在美国、欧洲、俄罗斯和日本大概有 200 多个核反应堆已经进入老龄化，在未来几十年可能会退役。因此，国际能源署预测，到 2040 年，即便核电在电力行业的份额出现增长，可能也会很小。

另外一种核能——核聚变，能够提供更安全、几乎无限的电力，并且没有严重的放射性废弃物或者核反应堆熔毁的威胁。在核聚变过程中，较轻的原子，如氢原子，在高温高压作用下合成较重的原子，如氦原子，同时释放大量的能量，这也是太阳以及其他恒星产生能量的过程。自 20 世纪 50 年代以来，世界各国政府已经投入了数十亿美元用于开发这项技术。科学家们从那个时候就预测，几十年内将建成核聚变反应堆。但是，在地球上复制聚变比预期要难，当初的预言成了一个笑话，目标似乎永远在二三十年之后。

最近，迄今为止世界上最大、最雄心勃勃的核聚变项目——国际热核聚变实验反应堆（International Thermonuclear Experimental Reactor，ITER，ITER在拉丁文中的意思是“道路”）已经推迟了。法国正在建造的大型反应堆原本计划于2016年启用，但超出预算数十亿美元，落后于计划几年，现在预计大概还需要10年才能运转。但是，该领域的很多科学家仍然认为其最有希望获得核聚变圣杯：反应堆产生的能量比消耗的能量更多。目前，这个目标还很遥远。核聚变的世界纪录仍然保持在1997年，产生16兆瓦的能量，需要输入24兆瓦的能量。

几家私人公司也面临这个问题。这些公司认为自己可以让核聚变更快、更便宜。每家公司对于如何在超高温下控制和维持燃料颗粒（也被称为等离子体）进行聚变反应这个根本问题有不同的解决方案。加利福尼亚州的Tri Alpha Energy公司已经吸引了数亿美元投资，其中就包括微软联合创始人保罗·艾伦的资金。该公司的方案是使用高能粒子束来帮助加热和稳定等离子体。其他公司，如加拿大的General Fusion和西雅图附近的Helion Energy也分别得到了来自著名投资人亚马逊首席执行官杰夫·贝佐斯以及贝宝联合创始人彼得·蒂尔的投资。General Fusion公司使用活塞式的设计来压缩和加热燃料颗粒，Helion Energy则使用脉冲磁场。

这些公司有一个共同点，它们坚信可以用5到10年的时间来完成核聚变工作。有些专家则没有这么乐观，英国卡勒姆核聚变能源中心的总监史蒂文·考利说："做出这样的承诺将有损于我们的信誉。"他认为商业化的核聚变反应堆还需要三四十年的时间。

煤炭工人的烦恼

同时，毫无疑问化石燃料还将继续存在几十年，即便随着时间的推移它们的使用量将逐步下降。另外，人类在使用化石燃料时还需要努力让它们变得更清洁，减少对环境的污染。

目前大约有1/3的新建煤电站以及2/3正在运行的煤电站都是使用"亚临界"技术，效率是35%左右，而现代化电站的效率可以达到45%以上。所有的煤电站都可以安装过滤器、除尘器或者其他装置来减少或者消除大气污染物，但是根据国际能源署的报告，情况并非如此。

更为罕见的是碳捕集与封存（carbon capture and storage，CCS）技术，该技术从发电站废气中去除二氧化碳，并将其储存在地下或者回收用于其他工业生产。目前全球大概有15个大型的CCS项目正在运行，约有1500个煤电站正在规划或者建设CCS。位于加拿大边界大坝电厂的全球第一个商业化CCS项目的成本超过10亿美元。自从2014年其开始运行以来，该项目遇到了各种技术问题甚至停机，远远没有达到其捕获90%二氧化碳的目标。

CCS的支持者说，有了边界大坝项目的经验教训，将来新上线的项目将会更便宜、运行更顺畅。但这种项目的成本仍然让人望而却步，新建的CCS项目正在收缩，约有 40 个项目已经被搁置或者被取消。

相较于煤炭，天然气在燃烧时释放的二氧化碳和污染物更少。在美国，水力压裂法为开采其丰富的页岩气打开了通道，并减少了用煤量。但彭博新能源财经《2016 年新能源展望》的首席作者赛博·汉吉斯认为，这种能源转变只是美国特有的现象。他说，在世界上其他国家，天然气都是需要运输或者用管道输送的，这增加了天然气的成本，将限制其在未来几十年的增长。发展中国家可能会选择便宜的煤炭以及越来越便宜的可再生能源。公众对于压裂法引发的地震、生产过程中使用的化学物以及释放的甲烷（比二氧化碳更强的温室气体）的关注也会限制其他地方的页岩气勘探。

变革的时代

到 2050 年，地球上的人口将达到 97 亿（现在是 74 亿），能源的需求将会继续增长，特别是在一些新兴经济体的城市。根据国际能源署的《2016 年能源技术展望》，到 2050 年，这些新兴经济体的城市里新增的建筑量将等于目前全球所有建筑的 40%，到 21 世纪中期，城市人口将翻一番。

更高的能源需求和更好的生活水平，并不意味着更多的污染物排放。根据国际能源署的报告，新的建筑可以安装高效的采暖、制冷、照明系统及家电。使用公共交通工具和电动汽车出行，特别是当它们使用清洁能源时，可以减少二氧化碳的排放和空气污染。例如，在城市屋顶安装的太阳能设备，在 2050 年之前可以满足其 1/3 的电力需求。

关于这次转型的确切范围和速度还不太确定。例如，印度有个雄心勃勃的计划，为目前还没有用电的 2.4 亿公民带去电力。其目标部分是通过增加风力发电和太阳能发电来实现，同时提高国内煤炭的产量。与此同时，中国正在走一条不同的道路。2015 年，中国宣布未来三年暂停新开煤矿。它在零碳技术领域（包括风力发电、太阳能发电和核电）的投资也处于世界领先水平，新核电厂的平均施工时间只有 5.5 年。彭博新能源财经预测，到 2040 年，中国电力行业的排放量将下降 5%，印度则会继续增加两倍。

国际能源署估计，未来几十年全球范围内在能源系统方面的投资将超过 430 万亿美元。根据该机构的计算，到 2050 年，大概有 3%（12 万亿美元）的投资是在低碳技术方面，这些投资将把全球变暖控制在 2 摄氏度左右，并且改善空气质量。

技术正在彻底改变能源的前景，我们需要重新审视以前关于未来能源限制的种种看法。以前，我们认为未来会出现能源紧缺，现在看来未来将是一个能源高效和充足的时代。并且丰富的能源并不意味着更多的排放或者污染更严重的地球，恰恰相反，随着对智能技术的充分投入，未来我们将享有一个更清洁的地球。

第 10 章　制造业的新材料[1]

新材料与新技术的结合将同时改变可以生产什么以及怎么生产。

宝马i3是一款令人震撼的电动汽车，正如人们预期的那样，这是一款充满新技术的汽车，其最有力的创新来自制造车辆的材料及制造方式。它使用的材料是碳纤维，是一种非常坚固但又很轻巧的复合材料。用这种材料制造汽车的过程更像是纺织行业，而不是金属加工业。这种制造方式的巨大改变将颠覆全世界工厂生产各种产品的方式。这将推翻制造业的传统经济理论，破坏长期以来的贸易流通和供应链。

"编织"汽车

从i3的生产过程中我们能够瞥见事情的不同之处。与传统汽车从一块铁板开始不同，这辆汽车始于日本人造纤维厂的一

① 本章作者保罗·麦基里是《经济学人》杂志编辑，曾担任《技术季刊》的编辑，写过关于制造业未来的专题报告——《第三次工业革命》。

卷聚丙烯腈，由一种合成热塑性塑料拉成丝，就像钓鱼线，然后将其绕成卷并运往美国，在美国被烤制成直径仅有 7 微米（百万分之一米）的碳化线，然后把大约 50000 根这样的黑线纺织成一根较粗的纱线，再把较粗的线绕成卷。这些线轴被运往慕尼黑附近的工厂，纱线被一台巨型的类似针织机的机器编织成地毯状的织物。当这些织物送到莱比锡的宝马汽车厂时，它们被切割成各种形状并堆叠在一起。这些织物片被注入树脂压在一起并固化形成刚性、轻质的汽车零件。最后，机器人把这些零件黏合在一起组成车身。

宝马 i3 的生产线与其他汽车厂有很大不同。首先，工厂里面极其安静，没有冲压金属零件的轰鸣声或者焊接的爆裂声，也没有巨大的、昂贵的油漆车间对金属零件进行清洗和防腐处理（碳纤维不会生锈）。公司的与众不同之处还在于：整体而言，i3 的生产比使用传统工艺和材料生产这样的汽车节省 50% 的能源和 70% 的水。

莱比锡工厂在使用新材料和改进材料方面一直走在前沿，不断地把实验室的研究成果应用到生产中。这次的新材料革命不仅仅是碳纤维，还有很多其他复合材料，如新颖的合金、专用涂料，塑料和金属的混合材料，具有生物功能的有机材料，具有形状记忆功能和自我修复甚至自我组装功能的智能材料。另外，通过在分子尺度对材料进行操作，越来越有可能定制具有新特性的物质或改变物质的属性，例如，对光、电、水和热的反应，也能进一步提高现有老材料的性能。

成功发明新材料和改良现有材料的关键是具有在商业上大规模应用的能力，这个过程可能需要几年。例如，碳纤维技术已经出现几十年了，已用于制造战斗机、高尔夫球杆、高性能山地自行车、F1 赛车等，主要优势是其比钢的强度更大，但至少轻 50%。这种高强度是来自碳化合物的分子结构之间的强化学键，就像钻石的结构一样。通过调整纤维之间排列的角度，可以在需要的地方增加强度，能够做到刚柔并济。

随着应用经验的积累，在商业航空航天领域碳纤维被用来替代铝，重量更轻的飞机消耗的燃料和排放的废气都更少。现在，波音 787 以及空客 A380、A350 等飞机的材料中，碳纤维占了一半左右。但其价格昂贵，主要是因为其生产工艺复杂、费用高昂、生产速度慢、劳动密集度高。对于小众的专业领域，如昂贵的山地自行车和飞机，价格不太敏感，但汽车产业是一个大众市场。

黑色艺术品

通过研发速度更快、成本更低的碳纤维生产工艺，宝马公司正在率先进入碳纤维材料的大规模生产领域。分析师预测，到 21 世纪 20 年代中期，碳纤维将成为主流的生产材料，大量取代钢铁和铝。到 2050 年，大部分的汽车都将是电力驱动以及自动驾驶的，轻质碳纤维可以让这些汽车的空间更大、抗冲击性更强。

大量其他的新材料也将在汽车和其他制造业取得突破性进展，基础科学方面的研究趋势也正在推动这个进程。首先，在最小微观尺度上人们对物质属性的认知有了进一步的提高。材料科学家不断地从最近一个世纪物理和化学的突破中吸收知识。研究人员现在拥有更好的仪器，如电子显微镜、原子力显微镜、质谱仪和X射线同步加速器等，可以比以前更好地测量和探索材料的结构细节。

这些细节延伸到物质最基本的组成部分。每种材料都是由原子组成的，每个原子的行为取决于其属于哪种化学元素。这些元素具有不同的化学性质，化学性质与原子外层电子云的结构相关。互相配对的原子及其共享的电子组成分子，分子是化学元素或者化合物的最小颗粒元素。如果能在分子层面设计材料，将为材料处理消除很多不确定性。

相较于过去，这是一个巨大的变化。当托马斯·爱迪生在1879年发明第一个可用的电灯泡时，他需要依靠不断地试验和试错，测试了1600多种不同的材料，从椰壳纤维到同事的胡须，最后才为他的灯泡找到了合适的灯丝。今天，发明者可以使用超级计算机来寻找合适的候选材料，例如，用于制作更好的发光二极管（LED）的新的半导体材料，在把电转换成光方面，LED比灯丝更有效率，正在取代传统的灯泡。LED是一项材料科学发明，到2050年，新的LED将不再是单独的照明设备，而是融入建筑物天花板的光幕。天花板生产商则需要考虑把自己转变为照明工程师，以免被灯具公司吞并。很多其他的行业也将面临这种业务领域的转变。

进行大规模的数据采集可以加速这个过程，例如，基于加利福尼亚州劳伦斯伯克利国家实验室超级计算机集群的开源“材料项目”。该项目正在编制大约10万种已知或者预测的化合物的性质，形成了一个“材料基因库”。这意味着不需要像爱迪生那样去寻找具有特定性质（导电率、硬度、弹性、与其他化合物的融合性等）的材料，未来科学家只需要给出所需的材料性质，电脑就可以为他们列出合适的候选材料。

目前已经找到一些硅的替代品用来制造更快、更强大的计算机芯片，以及生产更好的电池。这里面就包含石墨烯，这种只有一个原子厚度的“神奇材料”是于2004年由曼彻斯特大学发现的。许多其他纳米材料也在开发中。人们之所以对纳米材料如此感兴趣，是因为在微观层面合成物质时会产生很不寻常的现象。为了充分利用新特性或者更优的性能，可以使用现代加工工艺把很多块体材料转化为纳米材料。这些与粒子大小相关的特性包括物理、化学和光学等方面的性质。

未来新材料方面的突破不仅会改变产品，还会改变人们的生活。未来更好的充电电池能够让电动汽车有更大的活动范围，也可以为移动设备（从智能手机到家用机器人）提供更长时间的续航。新材料也为重塑新能源市场提供了可能，可以把可再生能源存储到电网，或者存储到利用太阳能或者风能发电的建筑以及家庭里。到 2050 年，很多家庭或者企业可以远离电网，在电力供应方面保持一定的自主性。

并不是所有的新材料都能够满足人们的预期，很多新材料都将因为未能大规模商业应用而被弃若敝屣。但是正如在发现新材料的过程中计算机提供了重要帮助一样，材料的工业化应用也将如此。在进行任何物理生产之前，越来越多的产品将先使用复杂的三维计算机辅助设计和建模系统进行虚拟原型开发。例如，一辆新车可以用计算机进行定制设计，对其引擎和悬挂系统进行调整，对其空气动力学性能进行优化。同时也可以通过虚拟现实在各种城镇以及道路环境中进行试驾。这些工程设计系统也考虑了材料的各种性质，如负荷、应力以及热力学等，能让利用新材料来改进产品变得更简单。另外，还可以使用计算机来设计和模拟将虚拟想法变成现实所需的生产系统。

打印出一个新世界

现实中，人们通常并不只是改造现有的生产方法，还会研发全新的生产工艺。其中一种吸引了很多眼球的技术是叠加制造，即大众更为熟知的 3D 打印。虽然 3D 打印在 20 世纪 80 年代就已经成形，但直到最近几年由于软件和硬件的改进才让其开始普及，下至低于 1000 美元的普通产品，上至超过 100 万美元的专业级工程系统，都可以使用此技术。

这些机器现在能使用数十种不同的方法打印各种材料的物品，从塑料到玻璃、金属、陶瓷甚至生物物质。技术背后的基本原理都是相同的：把材料一层一层地叠加，而不是像传统工艺那样切割、钻孔、机械加工。这样减少了浪费，因为3D打印机只在需要的地方叠加材料。这些机器还可以生产那些传统生产工具很难或者无法制作的复杂几何形状，甚至是其他固体内部的结构，因为它可以从最底层一层一层地打印。

开始时，3D打印主要用于快速的原型设计，又快又便宜地生产一次性样品。如果在工厂里调试传统机器来生产一次性样品，又慢又昂贵。但是3D打印机用软件来驱动，并且产品也是用同一个软件设计出来的，所以做完一个物件再做另外一个物件，只需要在软件里面调整一下就可以。叠加工艺现在也用于生产更多的成品。

有人猜测，将来每个家庭都会拥有一台3D打印机，利用互联网上下载的设计图打印物品。在接下来的半个世纪，除了业余爱好者以及DIY（自己动手）发烧友，这可能不太现实。但是，3D打印将成为批量生产的一个组成部分。行业咨询家特里·沃勒斯预计，3D打印市场将从2016年的67亿美元增长到2040年的1.13万亿美元（见图10–1）。

一些大型制造企业已经在叠加制造领域处于领先地位。其中通用电气（GE）已经在其位于亚拉巴马州的工厂安装了价

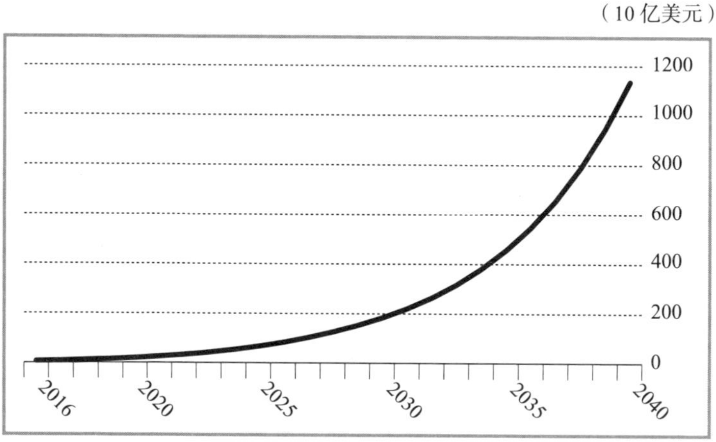

图 10–1　3D 打印市场

值 5000 万美元的 3D 打印设备，用钴、铬和钼组成的“超级合金”为其新一代的LEAP飞机发动机生产燃油喷嘴。燃油喷嘴是须承受极高温和极高压的复杂部件，通常由 20 个左右不同的零件焊接在一起组成。对于LEAP发动机，通用电气使用电脑控制的激光把堆叠成层的原料粉末融化成所需的形状，一次成型将喷嘴打印出来。这样生产出来的喷嘴比原来的轻 25%，耐用性高 5 倍。通用电气预计到 2020 年将会每年打印 10 万个燃油喷嘴。

空中客车公司也发明了一种专有的新材料，称为Scalmalloy，这是一种铝、镁、钪合金。这家欧洲的飞机制造商认为这种材料特别适合于制造飞机上轻质、高强度的金属部件，特别是结合 3D打印机使用。

在中国的大规模生产线上已经出现了第一台3D打印机，后续还将有更多。光宝科技是一家世界领先的代工厂，在其广州的工厂使用Optomec公司（位于美国新墨西哥州的阿尔伯克基）的打印机直接在手机或者其他电子产品中打印电路，如天线和传感器，而不是单独分开生产这些零件再让机器人或者工人进行组装。

使用叠加工艺能够生产的物品范围越来越广泛，例如，生产大尺寸产品，一家名为盈创的中国公司正在打印房子。该公司使用一个巨大的挤压头，就像给蛋糕裱花边的挤压器一样，将速干的水泥和回收的建筑垃圾混合在一起组成建筑的各个模块，然后再进行现场拼装。田纳西州橡树岭国家实验室（ORNL）正在采用更加高科技的方法，它们与建筑设计事务所SOM合作，打印出绝缘的、可隔绝空气和水汽、带有外部保护层的建筑结构，该设想的初衷是开发一套零浪费的叠加建筑方法。

3D打印也能生产小尺寸的产品，Scrona是苏黎世联邦理工学院的一家公司，正在使用3D打印机打印一些很小的物体。这种被称为NanoDrip的技术，顾名思义，使用含有纳米颗粒（只有100纳米或者更小）的微小液滴来打印微观结构，包括肉眼看不见的金、银导电网，能够让触摸屏有更好的响应能力。

回收利用

纳米技术将提高在制造业中长期使用的各种材料的性能。Modumetal是一家位于西雅图的公司，正在使用纳米材料通过电解沉积的方法来制造被称为“纳米多层膜”的金属镀膜，它与电镀有点类似，但是更为复杂。通过精确地控制电场，把悬浮在液体中的各种金属粒子附着到物体表面。这种技术也可以控制“纳米多层膜”中各种材料之间的相互作用。该公司已经开始在天然气和石油行业中使用这种涂层，宣称这种材料有着8倍于传统方法的抗腐蚀性。

Modumetal公司认为在未来这种技术不仅可用于涂层，还可以使用传统的材料（如钢、锌、铝等）从纳米多层膜中“长出”完整的部件。另外，这种电解过程是可以逆转的，这就意味着，一旦纳米膜组件的使用寿命结束了，生产这些组件的材料就是可以回收的。

随着材料越来越新奇，在制造业中，回收将必不可少。人们需要使用新的、便宜的方法来拆解诸如电子产品之类的废弃产品，回收这些废弃物中的各种材料。用钢铁制造的汽车和用铝制造的飞机相对来说可以直接回收利用，但是随着碳纤维在这些交通工具中的使用量增加，回收将变得更加困难。有一些公司正在研究回收碳纤维的方法，有一些方法是把碳纤维进行切割，然后用于生产低等级的部件，例如，不会受到大力冲击的面板。越来越多的可充电电池需要及时进行回收。有一些纳米颗粒是有毒的，但是科学家们还并不完全知道如果把它们抛弃在自然环境中将有什么长期影响。目前这些纳米颗粒有些堆积在陆地上，有些被冲洗到江河湖海中，每年都有几吨用于防晒霜的二氧化钛被冲洗到下水道中。

制造商将需要越来越多地对其产品的所谓全生命周期负责，从提取用于制作生产材料的元素到这些材料的最终回收。这也有商业利益的驱动：用于高端制造的一些元素是非常稀有和昂贵的。“城市采矿”（urban mining）将是一个大有所为的行业，可以从废弃的电子产品、电动汽车、电池以及家具中提炼金、银、钕、钇、镝等材料。计算机将再次帮助企业对产品的生命周期进行建模，并对产品的拆解和回收进行模拟。

所有这一切都将改变过去一个世纪以来制造业的运作方式。过去的大部分时候，制造产品很大程度上就是模仿抄袭，工厂使用同样的原材料，采用类似的生产工艺和设备。这些都很容易被复制，所以对于批量生产的商品来说，规模经济和工资成本最为重要，这样就驱使着制造业往低成本国家迁移。到2050年，很多迁移到海外的生产将会回归。

制造业回流

这个潮流之所以出现，有很多原因。首先，新材料和新生产技术能够提高制造业的灵活性，特别是产品定制和小规模生产的效率提升。这就意味着公司要在地理位置上更接近产品的销售市场，这样产品就能更好地根据市场量体裁衣，更快地应对需求的变化。

工资成本仍然很重要，但随着大多数重复的工作可以自动完成，它的重要性会下降。很多项目还将在海外完成，但会在某些优秀的专业集中地完成，如中国南方的电子产业，而不是低工资的血汗工厂。商品类组件更是如此，如计算机芯片和其他电子元件。但是把这些零件组装成最终成品的工厂将更为分散，特别是定制类工厂。

公司将越来越多地使用自己独特的生产流程，通常都是根据自己的需求和材料来定制。正如宝马公司发明了自己特有的电动汽车生产方式，通用电气开发了专有的材料和方法来打印燃油喷嘴一样，其他厂商也将紧随其后。例如，耐克也转向了编织，它有一项名为Flyknit的工艺，可以使用特殊的微工程纱线在电脑编织机上生产一双运动鞋，而不是在亚洲的工厂里用手工把切割后的鞋面缝合成鞋子。耐克的自动化针织机可以在任何地方运行，甚至可以在商业街的商店里面，根据客户足型的扫描结果定制生产运动鞋。耐克的竞争对手阿迪达斯也正在把一些运动鞋的生产迁移回德国安斯巴赫附近的高度自动化的新工厂。

竞争对手很难模仿定制的材料和工艺，所以这将成为其核心竞争力之一。通常技术本身并不是公司的“秘密武器”，而是围绕其精心开发的生产工艺和技术的使用者。这为生产地点的选择提供了另外一个考虑因素：当地需要能够招聘到有相关技术的人才，特别是设计、材料科学、软件和工程方面的人才。这些人才将是宝贵的财富，未来的工厂对于这方面有巨大的需求。黑暗的撒旦磨坊①、满是油污的抹布和工作服都将不复存在，未来伟大的企业家将改变这一切。

---

① 1808年，英国诗人威廉·布莱克出版了他的长诗《弥尔顿》，在其自序里使用“黑暗的撒旦磨坊”来暗喻工厂。1916年，休伯特·帕里爵士为此诗的自序谱上音乐，改名为《耶路撒冷》，成为英国最受欢迎的赞歌之一。

第11章　技术改变战争：巫术和非对称[①]

西方国家将从武器和信息技术的巨大进步中受益匪浅，但这也为敌人留下了可以利用的新漏洞。

曾在1800米之外射杀了一个敌人的以色列国防军狙击手——汤姆·吉尔说，西方国家狙击手的有效狙击距离比20年前几乎翻了一番。步枪系统性能已经如此之好，使得更远距离的狙杀不再罕见。2009年在阿富汗，英国狙击手克雷格·哈里森在令人惊讶的2475米处秒杀了两名塔利班机枪手，子弹飞了将近6秒钟[②]。

最近几十年，军事技术广泛地取得了这些令人惊叹的进步，但是和未来几十年可能会出现的"巫术"相比，则有点相形见绌。有些技术将最有利于西方，部分是因为它们在国防研

① 本章作者本杰明·萨瑟兰是《经济学人》杂志的定期投稿人，著有《技术改变战争》。

② 原文这里"将近6秒"不正确，应该是将近3秒。克雷格·哈里森使用的L115A3狙击枪射出的子弹速度可达每秒900米以上。——译者注

发上的投入。但是其他技术的发展将给美国及其盟国最先进的军事力量带来威胁，将限制其应用的地域范围，如伊朗，以及与美国势均力敌的中国和俄罗斯。这给西方带来了很大的挑战。2014 年，当时的美国国防部长查克·哈格尔警告说：“我们正在进入一个新时代，美国不再是理所当然地在海上、空中及太空占据主导地位。”北约的一名顾问——肯尼思·吉尔斯在基辅研究了俄罗斯和乌克兰的政府及非政府网络——“令人兴奋的进展”后说“还要把网络加到名单里”。

西方世界成功化解了两次针对其军事统治地位的战略威胁。在苏联和中国分别于 1949 年和 1964 年进行了首次核武器实验成功后，美国及其西欧同盟国充分发挥了其市场经济的优势，为其常规部队装备奠定所需的工程和工业基础。20 世纪 60 年代末，当俄罗斯开始迎头赶上的时候，西方世界利用计算机技术第二次成功地“抵消”了威胁，带来了性能更好的间谍卫星和精确制导武器，1991 年在第一次海湾战争中展现了巨大的破坏性。但是随着计算机和卫星技术的普及，美国的统治地位再次受到挑战。因此西方世界基于自身的技术实力开始寻求“第三次抵消”①，但是否能成功还是未知数。

---

① “抵消战略”是指利用自己的技术创新优势，掌握世界军事革命的主动权，从而抵消主要对手的战略优势，是战后美军屡试不爽的做法。从 2014 年起，多位五角大楼的高级官员在多个场合发表了一系列演讲来阐述美国的第三次“抵消战略”，核心是发展颠覆性先进技术武器，主要抵消对象是中国和俄罗斯。——译者注

创造性破坏

到 21 世纪中叶，狙击技术将进一步得到提升：特种部队有可能发射制导子弹。美国国防部已经开始研究名为“EXACTO”的制导子弹，这种子弹能够在飞行中使用类似“鱼鳍”的装置调整轨迹。哪怕目标不在视线之内，狙击手也可以设计子弹轨迹绕过障碍物。为了让子弹的光学系统能够定位目标，需要使用激光来瞄准目标的不可见红外线，这个装置可以安装在高空盘旋的无人机上。

制导子弹将给没有装备这种武器的战斗方带来灾难。这种技术将极大地扩大狙击手的射击范围，因为更远的距离能够让子弹有更多的时间来调整瞄准误差和风力的影响。最近一直跟随美国海军部队在东非打击海盗的狙击手瑞恩·英尼斯说，设想一下，在战场上敌人不断被“无形的枪手”造成减员，而又无法予以反击，甚至找不到对方，这对敌人的士气会造成多大的伤害。

在未来几十年，狙击手的作用会因为制导子弹而进一步扩大。随着无人机、航天器和卫星的侦察能力以及制导导弹性能的不断增强，非常规部队在山区越来越难以躲藏。这将迫使更多的游击队潜入城市。在数字时代，西方国家对于平民伤亡更加谨慎，各种暴力图像将成为对手强有力的宣传武器，因此在城市里面游击队一定程度上会让西方国家的军队有所忌惮。狙击比炮击、轰炸和扫射造成的伤害更小，西方国家将更多地使用它。

随着2050年的临近，装备精良的士兵将越来越难以杀死。现在士兵穿的防弹衣和头盔只覆盖身体的19%，再多的话，在重量上无法承受。但是，未来几年随着装备重量的减轻，士兵将能穿戴更多的防弹衣。使用高分子聚合材料替代黄铜制造子弹可以让士兵携带的弹药减轻1/3。另外，防弹衣自身的重量也会变轻。位于波兰罗兹的研究所Moratex正在开发一种“非牛顿流体”，当受到冲击时将变得非常黏稠，足以拦下子弹。这些“剪切增稠”（shear-thickening）流体比目前使用的凯夫拉尔纤维和陶瓷板都要更轻、更灵活。

西方的一些精锐士兵将被完全包裹在具有动力的、防弹的“外骨骼”中。美国特种作战司令部已经开发出了这种被称为“TALOS”[①]的钢铁侠套装的原型，最终这种作战服将会集成武器，能够监测士兵的状态，赋予士兵超人的力量。那些想要杀死西方国家士兵的人无疑会感到沮丧，因为海陆空都出现了越来越多的机器人。

军事机器人已经发展得很好了，有两家美国防卫公司——波音和诺斯洛普·格鲁门正在开发无人战斗机，分别是X-45和X-47。因为不需要载人，这些无人机有更大的有效负载、更广

① TALOS的全称为Tactical Assault Light Operator Suit，即战术突击轻型作战服。——译者注

的作战范围和更好的隐身性能。2015 年，美国海军部长雷·马布斯断言：洛克希德·马丁公司的F-35 很可能是美国海军采购的最后一代有人驾驶的战斗机。到 2050 年，无人机将包含从类似昆虫的微型间谍机到提供补给和攻击的机器狗，这种机器狗依靠燃烧树叶和木头提供的能量可以离地持续工作几个月。

马布斯说，无人系统，特别是自主无人系统，必须成为“新常态”，但是自主的无人机将如何发展还存在争议。国防部长认为是否开火应该由“环中之人”①（a man in the loop）来决定，而不是机器人。但是现在也已经出现例外，例如，军舰的防御系统，因为进攻导弹的速度太快，船员无法反应。另外，重要的是，技术专家正在设计软件，为赋予无人机更大的决策权奠定基础。

美国五角大楼正在资助开发一些“道德”的软件。这些系统会到数据库进行查询，确定对某个目标发射导弹是否有违正

① 根据美国国防部 2012 年发布的“Autonomy in Weapon Systems, Directive 3000.09”，武器系统的自主程度分为三个等级。“man in-the-loop”：武器系统自动识别目标，需要操作员来选择攻击目标并下达攻击指令，如美国的捕食者无人机，又被称为半自主武器系统。“man on-the-loop”：武器系统在做关键决定时提醒操作员，操作员可以重新定向或者终止攻击。如导弹自动防御系统，可以自主根据预先设定选择和攻击目标，但是如有必要，操作员可以接管控制权，又被称为受监管自主系统。“man out-of-the-loop”：武器系统一旦被激活，能够自主选择和攻击目标，不需要操作员的进一步干涉，如巡飞弹，一旦被激活，就在目标区上方巡弋飞行，如发现目标则直接实施攻击，又被称为全自主武器系统。——译者注

义战争的范畴，如在上课日向学校投放炸弹。这些系统的目标是用于帮助，而不是取代人类做决定。令人担忧的是，一些国家正在开发完全不需要人就可以做出开火决定的软件。法国空军一名机器人战争方面的专家——曼纽尔·戈菲说，这样对于死亡的责任将变得“非常、非常、非常”分散，因为你不能判机器人犯下战争罪。

未来的机器人战争还将带来其他令人头疼的问题。因为机器人取代了士兵，一些武装团体因为找不到敌人将恼羞成怒，可能会把其目标更多地转向平民。随着机器人的能力日益增长，可能会鼓励某些国家更加肆无忌惮地开战。如果可以在不需要派遣士兵到战场的情况下发动战争，那么政治家会认为几乎不存在政治风险。

另外一个需要关注的问题是，西方在军事机器人方面还能领先多长时间，对手正在奋起直追。2015 年，俄罗斯副总理德米特里·罗戈津宣布，军工制造企业 UralVagonZavod 将让 T-90 坦克增加远程遥控操作功能，士兵只要具有玩视频游戏的技能就可以参战。早些时候，他曾表示未来俄罗斯“将会有戴着眼镜的文弱书生组成的军队，能够摧毁身体素质出众，但装备较差武器的军队”。

火与硫黄，精确制导武器

最让西方战略家们感到麻烦的是机器人技术以及火箭科学

将让对手可以研发或者进口毁灭性的精确制导导弹，包括大型的和小型的。中国国务院新闻办公室在 2015 年的《中国军事战略》白皮书中写道，“加快推进信息化转型”，不断增强导弹武器对远程目标，特别是海洋目标[①]的“精确化、智能化、隐身化”打击。

未来几十年，包括非政府组织在内的军队将配备这些武器。那些没有太空赞助人为其提供卫星对敌人进行侦察、确定目标坐标的国家，将能很容易地买到相关数据，也许从第三方购买能有更大的自主权。特拉维夫附近的Image Sat International公司，作为其“智能即服务”的一部分，能够提供“快速的卫星任务”。

到 21 世纪中期，西方世界已经在精准战争方面垄断了很长一段时间。它们能够制造相关的设备来弥补如此重大的转变，从而继续为其坦克、飞机和军舰保驾护航吗？

“电装甲”也许能帮得上忙。英国国防部国防科学实验室希望，在被击中之前的那一刻，利用电容器中释放出的强大电能来极大地降低损坏。另外，一些国家还将继续研究精准而昂贵的入侵导弹追踪和拦截系统。即便如此，这些破坏性极大的精确制导导弹的扩散，给目前处于弱势的一方带来了不成比例的好处。

① 2015 年《中国军事战略》白皮书里面没有“特别是海洋目标”这一句。——译者注

美国海军面临的风险最大，目前受其保护的西方世界仍然是处于支配地位的一方。中国、俄罗斯及其他国家将设计和出口更好的导弹。伊朗的导弹实力将取得特别巨大的进步，这无疑是其极端主义客户的福音，包括黎巴嫩民兵和也门的胡塞叛军。作为 2015 年核谈判的一部分，西方国家在俄罗斯的压力下，同意分别于 2020 年和 2023 年解除伊朗在常规武器和弹道导弹技术方面的进出口限制。

这方面，目前的两种制导导弹已经初露端倪。俄罗斯的 Kalibr（俱乐部导弹），北约称之为 Sizzler（烈火导弹），能进行数百公里的海面巡航，绕过障碍物，躲避拦截，能以 3 倍音速进行冲刺，携带 450 公斤的弹药。目前已经出口阿尔及利亚、中国、印度、越南，也可能出口到了伊朗。俄罗斯正在推销一种伪装成普通货运集装箱的装载四枚导弹的 Kalibr 发射装置，这种导弹系统能够部署在卡车、火车或者货船上。DF-21D（东风-21D）是中国制造的“航母杀手”反舰弹道导弹。2015 年，在抗战胜利 70 周年阅兵仪式上第一次公开亮相，其机动式弹头足以摧毁 1500 公里之外的大型军舰。

美国海军秘书顾问小组的前任负责人杰里·亨德里克说：这种导弹将让美国在设备上花费相当多的钱来保护自己的舰艇。波音公司激光武器主管大卫·迪扬认为，到 21 世纪中期，美国的激光枪能够击落 10 公里外的导弹。他说，波音公司出售给美军的激光武器样品已经可以在更近的距离击毁入侵的迫击炮炮弹。正是对于像DF-21D这种导弹的恐惧，推动了“定向能量”（激光武器的专业术语）武器的研发。也可以用电磁轨道炮击落导弹，轨道炮可以使用大量的电能来发射 5 倍声速的子弹。

亨德里克说这些对策的有效性还不太确定，对武器性能进行预测是他的职责之一。未来更智能、覆盖范围更大的导弹将把大部分海洋变成海上无人区。他建议美国应该停止建造价值 130 亿美元的航空母舰，这些航空母舰将受到导弹的威胁，因为导弹的作战范围远远大于航空母舰装备的弹射飞机。

印度东部海军司令部前司令官普雷米尔·达斯说“整个海上作战体系”将会改变。他认为潜艇，特别是核潜艇将会更加重要。水面舰艇不断增加的脆弱性将推动水下海军行动的发展，潜艇的作用将不断扩大，如秘密地输送精英部队和间谍，攻击水下、陆地上和空中的无人机。

即使是最好的潜艇，也无法比现有的更安静。所以，作为三位美国国防部长的前首席顾问，安德鲁·克雷皮内维奇说，随着传感器的改进，潜艇将更加容易被定位并被击沉。克雷皮内维奇现在是华盛顿智库战略与预算评估中心（CSBA）的负责人，他认为先发制人的优势将越来越明显。这将带来麻烦，在局势不断紧张的情况下，技术处于弱势的一方将更加倾向于首先发射鱼雷或者导弹，这将有可能引发本来可以避免的战争。

如果要维护西方世界的秩序，必须以某种方式抑制可怕的精确武器在可能发起挑战的专制国家和极端主义团体中传播。克雷皮内维奇认为“第三次抵消”最大的希望在于人工智能，他现在也是五角大楼国防政策委员会成员。除了自主机器人，这也将推动军事“大数据”的发展。他举例说，冷战期间，美国海军对于海底声波信号的处理速度太慢，经常是苏联的潜艇都已经走远了才被发现。他认为未来的算法能够足够快地对海底传感器的数据进行模式识别，让美军能够对敌方潜艇进行远距离的实时定位。

西方国家很可能会发现要从超级计算机中获得军事优势十分困难。西方国家的大学发明的各项创新传播的速度很快。计算机技术上的突破很快就通过苹果和英特尔等公司的产品卖给任何人。另外，因为消费和工业产品与专门的军事应用产品相差无几，针对特定军事目的技术发展将越来越落后于大众产品的组件或者系统。波音公司已经将美军反迫击炮系统的激光组件用于商业产品。

思想之战

西方国家拥有的优势远远不仅是其生产的东西。在西方自由民主社会中成长起来的士兵，有文化上的优势。由于对生命更加尊重，对错误更加宽容，西方人有更大的创造力和创新性，这在战场上可以转化为更强的战术随机应变能力，能更好地抓住意想不到的机会，来自非民主国家的士兵可能不会做出这种反应或者不允许这么做。

软件设计师正在对假设进行预测，如在预测未来战争结果时，把这种文化优势设置为“主观能动性”。通过对过去有主观能动性的军队（如以色列军队）与其他没有这种能力的军队之间的战斗进行研究，预测者设计了算法来量化这种创造性在很多情况下带来的优势，结果表明，通常优势都很大。

随着机器人和通信技术的进步，这种优势将进一步提高。因为这些技术能够提高为军队收集的战术情报的数量和质量，关键的是西方人在使用这些情报时具有文化优势。民主国家的教育制度鼓励创造性解决问题的方式，及时的情报能提供更大的帮助，无论是分析大雨过后农业用水污染了井水带来的影响，还是分析某个城市领导对政府愤怒的原因。

西方人习惯于处理没有被非民主政权控制或者扭曲的信息。荷兰国防情报和安全局前主任彼得·科贝恩斯说，被牢牢控制的士兵相对会缺乏批判思维和创造力。他还说，他们的劣势将进一步增加，因为新技术使得战场上的胜利不仅是盲目服从，更多的是来源于对详细信息和精准武器的巧妙利用。

第三次抵消的成败，取决于西方能够多大程度地利用这种文化优势。不久前还是五角大楼国防情报局主任的大卫·萨德说，为了充分利用这一点，美国将设计相关的算法来决定哪些士兵会接收哪些情报。以这种方式自动将情报“推送”给士兵，这样可以让士兵免于分析哪些情报是有用的，从庞大的数据中挖掘有用的信息。他补充说，美国还将为此开发精巧的可视化技术。2050 年以前，西方国家的士兵可以直接从他们的周边环境获取战术情报，与之相关的无屏幕显示器已经投入使用。

有些人估计，到 21 世纪中期，头戴激光器可以直接把图像投射到士兵的视网膜上。另外有些人，如美国的 Avegant 公司则看到了其他机会，它使用芯片和连在一起的很多微镜，通过镜子的前后翻转，将 LED 光转换为像素，投影到用户的视网膜上。目前该公司正在销售一款名为 Glyph 的头戴设备，它使用两个芯片以及 180 万个小镜片，每个镜片只有 5 微米，每秒可以翻转至少 3600 次，可以产生似乎在空中浮动的图像，并且不会阻挡人的视线。该公司的联合创始人爱德华 · 唐预计，最终的增强现实技术能够随着佩戴者的视线移动，把战术信息叠加到相关对象上。

美国特种作战司令部的采购负责人詹姆斯 · 盖茨说，这些进步并不是微不足道的。他认为，通过在相关物体上显示情报，就可以在需要的时候提供有意义的、与战术相关的信息，这就是圣杯。标记疑似叛乱分子的藏身之处，或者曾经有简易炸弹爆炸的位置会悬浮在视野中，即使士兵正在走动或者摇晃脑袋都没问题。这个构想可以让美军士兵在面对快速变化的环境时，更好地利用他们“适应速度”的竞争优势。

上九天揽月

任何依靠数据处理的优势都需要卫星来收集和传输信息。曾任比利时最高军事太空协调员的国防部官员埃文·杜哈梅尔说，现在中国和俄罗斯已经具备了和美国一样的攻击卫星的能力，2050 年之前，至少还有 16 个国家将具备这种“反卫星”能力，包括巴西、印度、伊朗、尼日利亚、巴基斯坦、南非、土耳其、越南和朝鲜等。

位于科隆的一家政府空间—机器人实验室的丹尼斯·戈格认为，今天这种像卡车一样大的卫星将会被更小的、互联的卫星“星系”替代，这种卫星“星系”更加难以被摧毁。包括美国和法国在内的一些国家将开发在紧急情况下快速制造和发射小型卫星的技术。国防公司达索研究认为，法国有希望能够在必要时，利用航空母舰上改造的战斗机发射小型卫星。

戈格认为，即使到 21 世纪中期，摧毁一颗卫星还是会比保护或者更换一颗卫星更容易，特别是被摧毁卫星的碎片将引起连锁反应。他认为在减少近地轨道的碎片上，大家有共同的利益，这将有效地阻止对卫星的攻击。但其他人并没有这么乐观，一个处于殊死之战中的政权，可能即将面临垮台，是否还会尊重全人类的共同利益？

得克萨斯州的地缘政治咨询公司 Stratfor 的创始人乔治·弗里德曼认为，美国将在其卫星上安装防御导弹，用于击毁入侵的拦截器以及反卫星激光枪。随着时间的推移，他认为这些卫星将演变为具有攻击性的武器——能从空中发动战争的“战斗卫星”。因为占据了多数对手无法企及的“高地”，理论上“战斗卫星”能够给美国及其盟友带来一个新的巨大优势。

有些军事思想家认为，未来的战争更可能发生在网络空间，而不是外太空。更可怕的是，对于失去了计算机网络控制权的国家，“战斗卫星”将一文不值。科贝恩斯认为，“网络战斗力”可能比机动战斗力更具决定性。“如果没有了制空权，谁又会关心你的飞机呢？如果你的电力被切断，他们就可以擦除你的名字，让你的钱不翼而飞。”

这样的前景肯定听起来很可怕，部分是因为未来的世界很容易受到“逻辑炸弹”的攻击，这让那些不负责任甚至身份很难识别的组织拥有了非对称优势。网络武器能否让未来冲突的破坏性小一点呢？

最近的技术进步有让战争流血更少的趋势。因为精确打击可以摧毁关键的敌方系统，或者操作这些系统的专家，所以不需要屠杀大量的普通士兵。2003 年，美国领导的多国部队仅在三个星期内就杀死了近 1.1 万人，让 38 万人的伊拉克军队基本丧失了战斗力。相比之下，20 世纪 80 年代的科技含量较低，两伊战争持续了 8 年，死亡人数方面伊拉克是 25 万，伊朗则可能有 100 万。网络武器肯定能推动这种趋势发展。如果能够通过让计算机死机达到同样的军事目的，为什么不能放下屠刀呢？

数字武器的发展将会提速。大卫·林达尔是位于斯德哥尔摩的瑞典国防研究院的网络战专家，他认为已经有人在秘密研究某种计算机病毒，可以通过精心设计的无线电波或者微波注入对方的计算机。他说，但是现在没有人知道将来电脑蠕虫病毒将如何发起一场战争。他认为 2010 年发现的Stuxnet病毒[①]可能就是美国和以色列开发的，用来阻止伊朗发展浓缩铀项目，它在某种程度上是成功的，推迟了项目启动。

已知的未知

到 2050 年，无论如何，军用设备和军事实力方面的巨大进步可能只是故事的一部分。以色列军事历史学家马丁·范·克里夫德有其他方面的担心。他认为西方精心研发的很多军用设备，越来越多地成为不断下降的战斗精神的替代品，如一些国家在对待伊拉克、叙利亚和利比亚的“伊斯兰国”时表现出的懦弱就是一个缩影。这在以前也发生过，衰落的罗马帝国投入更多的精力来发展更好的投石机，而不是与野蛮人真刀真枪地战斗。

令人担忧的是，有些国家在军事技术上的优势，会促使

① 震网（Stuxnet）病毒于 2010 年 6 月首次被检测出来，是第一个专门定向攻击真实世界中基础（能源）设施的“蠕虫”病毒，比如核电站、水坝、国家电网。作为世界上首个网络“超级破坏性武器”，Stuxnet病毒已经感染了全球超过 45000 个网络，伊朗遭到的攻击最为严重，60%的个人电脑感染了这种病毒。——译者注

那些技术跟不上的对手转向核武器。例如，巴基斯坦和俄罗斯都面对占有技术优势的对手，分别是印度和北约，它们放弃了不首先使用核武器的承诺。另外，随着建造和使用小型核武器方面的专业知识的传播，使用核武器的诱惑力越来越大。这是军事技术进步的另外一个可能的结果，军事家需要好好记住这一点。

第 12 章　个人技术[①]

随着真实世界与虚拟世界之间的关联越来越紧密，数字技术将进一步渗透到我们的生活中，很有可能渗透到我们的身体里面。

20 年前，即使是最狂热的极客的默认模式，也是离线的。如果要连接到互联网，意味着你得先走到互联网旁边，就像去村子里面的水井打水一样。为了上网，早期用户需要使用巨大的台式电脑旁边的调制解调器来拨号，然后坐在一旁听着哔哔声耐心地等待。今天在发达国家，互联网就在我们身边，Wi-Fi 和移动网络无处不在。不知不觉我们就从默认的离线世界来到默认的线上世界。就像流水一样，只有缺少的时候才会被注意到。

在接下来的几十年，类似的事情将发生在互联网网关设备上，它们会消失。坐在桌子旁边使用电脑或者掏出手机来上

① 本章作者利奥·密拉尼是《经济学人》杂志的新闻编辑，曾经撰写过 Quartz 网站的技术专题报告。

网将成为一种古老的上网方式。事实上，“计算机”这个单词本身会从语言中消失，当身边所有的东西都具有计算能力的时候，你还能知道计算机具体是指哪个事物吗？

虚拟现实、增强现实以及相关技术能让我们与云（到时也被称为“世界”）进行交互的技术的巨大进步将推动这种变革。它对人类行为的改变远远大于智能手机和网络，个人技术将最终真正个人化。

虚拟现实

首先来说说虚拟现实。虚拟现实最让人称道的是它带来的“存在感”，这是其在丰富的人类交流史上独树一帜的地方。这是一种令人印象深刻、直击心灵的“身临其境”的感觉。有过相关体验的人在回忆虚拟现实时，就好像他们去过那个地方一样，而不仅仅是在屏幕上看到的东西，其实，他们体验的只是计算机模拟生成的、仿真度较低的世界。2017 年，虚拟现实还会激发大家的好奇心，到 2050 年，这将成为最普通不过的事情。

我们从中可以得到哪些好处呢？首先是娱乐方面的应用。应该不用等到 2050 年，西方国家的人就可以在舒适的沙发上观看音乐会和体育赛事。也不需要昂贵的花费，不会出现 3D 电影比 2D 版本稍贵的情况，所以对于那些按次付费收看体育赛事或者其他节目的用户来说，虚拟现实娱乐的价格还是很容易被接受的。当有越来越多的人使用时，虚拟现实设备的价格也将下降。

随着成本的下降，各种设备的体积也将变小。第一个虚拟现实设备是由该领域的先驱VPL Research公司发明的，体积很大，由很多电线、数据手套和沉重的头盔组成的套装，看起来像一只机器章鱼缠绕在佩戴者的脖子上（后来，又推出了一个更小的版本，称为EyePhone，售价 9000 美元）。现在虚拟现实设备主要有两种形式。比较简化的版本是可以插入智能手机的支架，如三星的Gear VR或谷歌的Cardboard（如其名字所示，就是一块纸板）。另一种以Playstation VR、Oculus Rift或者HTC Vive为代表，有内置的显示器，但是依靠外部的处理计算能力（通常是计算机或者游戏机）。可以肯定的是，到 2050 年，即使是要求最高的设备，也不会再需要外部处理器，而且它们会比现在任何已有的设备都更轻便、更小巧。

虚拟现实早期的第二类应用是游戏。游戏玩家一直追求更快的处理器、更好的屏幕以及更可靠的连接，并乐于付出大量的金钱，以便优先使用前沿技术。在虚拟现实上他们将继承这个优良传统，为新产品提供初期市场，为生产厂家提供测试新想法的实验场。《俄罗斯方块》发布 33 年后的今天，电脑游戏变得栩栩如生、非常复杂，游戏画面能够与任何大制作的动作电影媲美。从现在到 2050 年又将是一个 33 年，计算机图形学的进步只会更快。

这些最初级的成就还有更多的用途：医生远程为患者诊断；免疫功能低下的小孩可以远程上课，不用担心感染病毒；工厂的检查员可以通过机器人远程检查产品；士兵可以在不熟悉的地形进行训练；在进行商业谈判时可以看到对方的每一个动作。

很明显，现在虚拟现实已经变得备受瞩目。Chalktalk是纽约大学的肯恩 · 佩林创建的一个项目，代表未来一个可能的发展方向。Chalktalk是一个虚拟画板，用户可以在上面绘制任何东西：图形、图像、计算机代码、数学公式等，就像他们在黑板上画的一样。不同之处在于，图形能变成三维物体、公式能运算、代码能够编译。在一个示例里面，佩林画了一个钟摆，让其摆动起来，摆动的频率可以关联到另外一个图形（波形图）。在另外一个示例中，他画了一个线图，然后自动生成一个3D图形，3D图形的形状是由一个函数矩阵控制的。第三个示例，他画了一个花瓶的草图，不断地修改，最终变成了一个完整的3D物体。一二十年之后，你只需要一杯咖啡的时间，3D打印机就能把这个物体制造出来。这些新颖的想法已经可以使用计算机屏幕和现有的技术来实现了。可以想象，类似想法的高级版本能够应用到虚拟现实中，用于教学、协作、商业，或者其他我们还没有想到的场景。

增强现实的世界

“存在感”使得虚拟现实如此与众不同，但也让虚拟现实受到了很多限制，这就是增强现实的用武之地。如果说虚拟现实是为你提供一个有限的虚拟空间，在这个空间里你不会磕碰到墙壁和桌子，那么增强现实就是对现有空间进行扩展。增强现实相当于手机，而虚拟现实相当于台式电脑。

我们从现有技术可以再次看到未来的可能性。飞行员多年来一直使用“平视显示器”把信息投射到驾驶舱前面或者他们头盔前面的面板上。这种显示技术在汽车挡风玻璃上也用得越来越普遍。不过这只是增强现实最原始的形式。谷歌眼镜是稍微高级的版本，它把信息显示在眼镜上，这种眼镜与普通眼镜类似。但它只是一块很小的矩形显示器，比手持屏幕或者普通屏幕好不了多少。Magic Leap是佛罗里达州一家神秘的创业公司，其技术看起来比谷歌眼镜更好：可以显示与周围物体相关的 3D物体，并且与以前的技术不同，例如，可以凭空展示太阳系的模型，而不是把信息覆盖在真实世界的物体上。事实上，这让增强现实比虚拟现实更复杂：眼镜不仅要显示信息，还需要能理解和映射物理世界，感知深度和宽度，对数据进行分析，识别理解所看到的物体，并将物体放到正确的位置。

到 2050 年这些将变成常态。在发达国家，增强现实眼镜将全面替代智能手机，除了新技术恐惧患者。指示方向不再是用智能手机屏幕上的箭头，而是直接把线路显示在前方的街道上。餐厅将不再需要菜单，当你路过咖啡厅时，所有可以选择的菜肴都将栩栩如生地滚动显现。与说其他语言的人交流时将能同步翻译。我们也将不再需要水管工，因为详细的、可视化的修理说明将直接显示在有问题的排水管道上。公交车也不再需要显示行车信息，你的眼镜能够把公交车编号、线路、目的地以及预计到达时间都使用你选择的语言告诉你。你永远不会忘记别人的姓名，因为当你与别人交流时，关于这个人你知道的所有信息都将显示出来。商店里面也不再需要标牌，市政厅也可以把所有的城市标志和道路指示牌去掉。

21 世纪早期那种光怪陆离的世界将重新返璞归真，我们将只看到自己想知道的东西，其他的一概不看。我们还能选择想要看到的现实水平，最现实？还是尽量少的现实？如果想要，我们可以整天徘徊在 14 世纪的城市里，城里的居民都来自 21 世纪。就像当你打开手机时，没有任何两部手机的显示内容完全一样，因为每个人安装的应用程序、保存的联系人都不完全相同，以后展现在每个人眼前的世界也将不一样。

如果你觉得这听起来遥不可及，可以想想现在很多报纸已经不再发行印刷版，伦敦的公交车不再接受现金付款，很多出租车已经没有显眼的标志并且只能使用应用程序来打车（对于没有智能手机的人来说，这些出租车是“不可见”的），所有这一切都只是在苹果手机出现之后的第一个 10 年内发生的。

为什么这次与众不同

至少在 25 年以前，人们就开始预测虚拟现实的到来。最近一波热潮——很大程度上是由 2014 年脸书以 20 亿美元的价格收购虚拟现实初创公司Oculus引起的——让人们想起了 20 世纪 90 年代初的那种乐观氛围，但是这次我们有理由相信会有所不同。

第一，电脑用户多了很多，愿意掏钱尝试新鲜事物的人也相应增加了不少。第二，大部分设备的价格并不太贵。1990 年，虚拟现实头戴设备原型需要差不多 1 万美元，而在 2016 年，Oculus Rift的售价只有 599 美元。在未来十年内，价格可能还会下降一个数量级。到 2050 年，价格将足够低，让全世界大部分人都能接受，而不仅仅是有钱人。第三，虚拟现实已经从硅谷的极客专用转变成每家大型娱乐公司展现内容的技术。越来越多的电影节设有虚拟现实单元，游戏开发商也开始发布虚拟现实游戏。尼克·德马蒂诺回忆，在 20 世纪 90 年代初，对于使用新技术，工作室的主管们会认为“何苦要这么麻烦”。他当时在美国电影学院运营一家技术工作室，但是到了今天，他们害怕被新技术抛弃。第四，对于虚拟现实技术的需求已经到了一个临界点，认为其蓄势待发不再是不切实际的。互联网无处不在，计算处理能力又多又便宜，高清显示屏也已经出现很多年了。

为了让虚拟现实充分发挥潜力，还需要进一步发展技术，既需要对现有技术的持续改进，也需要跨越式发展。

首先来看看持续改进方面。一些电信运营商正在力争率先提供 5G 移动网。目前世界上大部分人使用的是 3G 或者 4G/LTE 移动网络，在数据传输方面比以前的技术快 10 倍。5G 作为下一代技术，将比 4G/LTE 快 10 到 100 倍，另外，还将带来其他方面的改进，包括同时支持大量的设备以及极低的延迟（数据传输过程中消耗的时间）。高速网络不仅对于访问信息很重要，而且对于连接到计算能力同样重要。随着摩尔定律的失效（见第 4 章），这个 1965 年提出的经验法则指出处理器的速度每一年（后来修改为两年）能够翻一番，计算将转移到云上。当轻巧的增强现实眼镜成为现实时，它们需要实时连接到远方更强大的计算机。

其他技术也将需要改进。显示器将变得更轻、像素更小且更密集，计算机图形学将更加复杂。这些不是假设，只是时间问题，它们已经在进步。

有些技术还未成熟。现在智能手机里面大概有十几个传感器，但是以后无论是在手机里面，还是外面，传感器的数量将大大增加。整个世界将堆满各种微型传感器，能够让我们的新设备知道自己在哪里、看到了什么，以及测量空间和深度。在室内比较容易想象这些。如可以在客厅或者办公室安装传感器和 3D 投影仪，互相分离的设备可以投影栩栩如生的物体或者人的影像，传感器能够跟踪我们的动作并与之进行交互。这也并不是遥不可及的：微软的游戏设备Kinect已经可以感知人类的动作。

人工智能和机器学习的进步也非常重要。一个人使用增强现实设备，远远没有数亿人使用增强现实设备有意义：可以对大量用户的使用模式和行为进行分析并由此改进技术，能够让机器理解当人们看到某个物体或者以某种特定方式倾斜脑袋时，究竟想要什么。

技术最终植入人的身体

在更远的未来，技术上的飞跃将让虚拟现实和增强现实在2050 年与现实之间结合得天衣无缝。我们将能拥有布满传感器的手环或者用电路编织出来的衣服。随着时间的推移，技术将越来越接近我们的身体，最终进入我们的身体。最先从隐形眼镜替代普通眼镜开始，这种技术的雏形目前已经出现，2016 年三星申请了智能隐形眼镜的专利。

隐形眼镜只是一个小小的飞跃，想象一下也许我们可以在人一出生的时候，通过一个简单的手术把眼睛的晶状体替换为更高级的隐形眼镜。如果我们再激进一点，为什么不把整个眼球替换为能够实现增强现实的人工眼球？事实上，随着人类对于人体植入的接受度越来越高，人工技术将更彻底地进入我们的身体，也许终点是大脑植入。

上面分析的是我们如何接收信息。我们如何传输信息呢？2002年史蒂文·斯皮尔伯格基于菲利普·迪克的短篇故事执导的《少数派报告》为我们展示了用手势和触摸来操作电脑的未来。这已经成为过去式，使用手指在玻璃屏幕上滑动已经是一种很自然的输入方式，连婴儿都知道怎么使用。达勒·赫里斯塔德是一名“高级交互官”，同时也是一名未来电影展示技术的研究人员，他认为我们还能更进一步。如果我们能在整个空间上进行投影或者绘画，那么为什么还需要一个大屏幕呢？

就像到了2050年玻璃显示屏会变成老古董一样，键盘输入也是如此。谷歌正在开发一种被称为Project Soli的技术，使用雷达来感应手指的动作：该产品的初衷是感知人们的自然动作，如在没有真实旋钮或者按键的情况下，旋转某个旋钮或者按下按键。斯皮尔伯格认为我们将创造类似于手语的东西：一种全新的与机器交流的语法和词汇，这种语言将和在智能手机上的触摸屏操作一样自然（触摸屏自身的出现也不超过10年）。

或许在2050年系统将进化到可以让机器直接读取我们的脑电波。这并不像其听起来那样遥不可及：至少有一家名为Emotiv的公司正在探索这种可能性，这种技术被称为“脑机接口”。虽然距离我们通过凝视并用“意念”来控制物体还需要很长一段时间，但是这种技术正在研发中，并且其某种初级版本已经具备可行性。

除了显示和输入，虚拟现实还有第三个同等重要的技术：

触觉（或物理）反馈。智能手机的触摸屏能够提供令人满意的体验，其用一块坚硬的玻璃板来提供阻力。在空气中绘制图形也许可行，因为有视觉提示。如果需要物理反馈的事情呢？如握手。一二十年以前，答案或许是高科技手套，但是未来有更好的方案。虚拟现实界的教母——诺尼德拉皮娜相信，触觉反馈将是终极答案。

声音是通过声波来传输的，任何参加过摇滚音乐会的人应该都深有体会，能够感受到低音在人群中的振动。在正确的频率下，声音也可以提供触摸物体的感觉，与远隔几千英里的虚拟朋友握手。

这些系统并不需要都能完美运行，也不需要在任何情况下都能保持正确。这些系统与其他一些尚不成熟的技术结合在一起工作，它们将构建成世界的基础。在这个世界里，计算机不复存在，它们已经融合到每个角落，包括人类自己。

无处可藏

我们如果要享受这个未来，就必须接受一些妥协。首先就是持续不断的、近乎无孔不入的监视。现在，你的智能手机通过手机上的信息已经比你的伴侣或者母亲更了解你。使用GPS（全球定位系统）定位、动作传感器以及通话记录就可以为你每天的活动进行详细分析。再加上浏览你的社交网络以及搜索记录，你的智能手机甚至有可能比你自己更了解你。

我们的一些事情机器并不了解，使用虚拟现实将能加深它们对我们的了解。这些设备会把你脖子的每一次扭动、瞳孔的每一次收缩、对于外部刺激的每一个反应都传回公司总部。增强现实的这种监视范围将进一步扩大：设备制造商能够看到你看到的一切，它们将通过你的眼睛来看世界。

相关的公司说它们也没有选择，因为这些数据构成了服务的基础。另外，这些数据也能帮助它们改进自身以及为其他用户服务。它们会告诉你，没有人能访问这些信息，只有机器和算法能够使用。这听起来好像没有问题，但还是让人有点毛骨悚然。另外，政府也不可避免地想要获取所有这些信息。这些信息太有用了，让人无法拒绝。

今天智能手机和免费网络服务的用户已经表明，他们愿意为了方便而在一定程度上放弃隐私。这基于这样的共识：这些数据可以用来进行赢利（可以有针对性地投放广告），但是不能被滥用于跟踪他们的行动。只要存在这种共识，加强监控并不会扰乱消费者的日常生活。

未来需要比今天更坚固的框架，业界的从业人员仍然希望监管、法律和执法部门能够对大公司以及手伸得太长的政府机构有所控制。2013 年，爱德华 · 斯诺登的大规模泄密引发的大讨论还在持续，企业和官员都反对政府进行过度的数据收集。同时，世界各地的反垄断机构都在对大型科技公司进行检查。

第二个问题是，我们的世界将不可避免地被大公司控制。从消费者技术的现状来看，虚拟现实和增强现实将被少数几家公司控制。每个开发者都将受制于它们，每个消费者都必须同意它们的条款和协议。它们对于什么是可接受的行为，以及对内容的看法（来源于它们的企业文化以及想尽量降低自身责任的律师）将成为我们与外部世界沟通的基础。事实上，正如它们可以让某些事物从搜索引擎结果或者社交网络消失，增强现实技术使得这些公司也能让某个人或者事物从真实世界消失——虽然它还在那里，但是你看不到它。用户如果不遵守它们的规则，就有可能被下线，陷入一个没有现实的真实世界。另外，虚拟现实的发展方式与互联网有很大不同：互联网建立在开放的标准之上，原则上任何人都可以访问、发布和互相链接，但是虚拟现实主要由有“私家花园”嗜好的大公司控制。

社会必须想办法对这些公司的权力进行限制，或许可以重新分配权力。今天，如果脸书或者谷歌关闭某个账户，账户所有者是没有追索权的。但是，随着我们的网上自我意识的成型，谁有权拥有我们线上身份的问题就变得更加迫切了。签署了公司的注册条款和条件是否就会让你放弃虚拟生命？公司是否允许用户自由地导入和导出数据？后者似乎更有可能。其他的权利也会带来争论。你是否有权利直接用裸眼看这个世界？是否会侵犯那些屏蔽你或者躲藏起来的人的权利？对于一个基于虚拟现实和增强现实的世界，这些问题晚解决不如早解决。

第三个需要担心的问题是安全。尽管经过了多年的发展，计算机安全还是不尽如人意。即使是最安全的系统，也能被某个有决心的黑客攻破。在消费者方面，做得再好也仅仅是遵守最佳实践。也许到2050年，计算机安全将使用强加密作为默认选项，需要举全国之力才能攻破系统，密码将成为历史。最大的科技公司已经表明了它们在维护用户安全方面的决心：脸书、谷歌、亚马逊和苹果等公司很少有被黑客攻破的情况。这也许是由这些大公司统治虚拟现实世界的一个优势。

最后一个问题也许最不值得担忧。悲观主义者预测虚拟现实将会让我们的世界变得更加孤独，人们会牺牲自己的真实世界，让自己更加融入他们的私有虚拟世界。他们担心虚拟现实会损害孩子们的大脑。这些担忧已经是老生常谈，从20世纪的社交媒体、视频游戏、电视和摇滚音乐到16世纪的纸质印刷媒体，甚至是苏格拉底时期的书面文字（至少柏拉图这么认为）①。

老人们常常抱怨，现在的孩子们整天都盯着智能手机的

① 苏格拉底曾经将书写文字形容为麻醉药，以此说明书写文字在给人们带来方便与好处的同时，也带来消极的副作用。柏拉图更是将书写文字贬称为某种不利于人的生命的“异己”，认为文字不仅削弱了人的记忆能力，还容易给人带来误解。——译者注

屏幕，殊不知这些孩子正在用手机与周边的世界进行互动，用Snapchat与他们的朋友分享照片，用WhatsApp与朋友交流所看到的一切，他们时刻关注着五彩缤纷的生活，而不是在虚构的世界里瞎逛。即使技术突飞猛进，人性也会保持不变，这意味着我们总想与外面的世界进行交流。

MEGATECH

Technology in 2050

第三部分　超级技术与社会

第 13 章　人工智能的伦理[①]

虽然机器怪物统治人类的威胁目前还是杞人忧天，但人类滥用机器的风险是真实存在的。

假设你走进一栋陌生大楼的某个暗室里面，你可能会因为在黑暗中可能潜伏着怪物而感到恐惧，或者你会直接打开灯，以避免撞到家具。这个暗室就是人工智能的未来。遗憾的是，有些人认为，当我们走进这个房子的时候，可能会遇到一些邪恶的、具有超级智能的机器。这种对于怪物、科学怪人的恐惧，在人类记忆中是与生俱来的。对于计算机的恐惧可以追溯到 20 世纪 60 年代，当时以密码学家身份与阿兰·图灵一起在布莱切利园共事的英国数学家欧文·约翰·古德做出了如下观察：

> 我们可以把超级智能机器定义为“一种可以远远超越任何人智力活动的机器，无论人类有多么聪明”。因为设

① 本章作者为卢西亚诺·弗洛里迪。

> 计机器也是其中一项智力活动，所以超级智能机器能够设计出比它更好的机器，无疑这将带来一场“智能爆炸”，人类的智力将被远远地抛在后面。因此，第一台超级智能机器将会是人类需要完成的最后一项发明，前提是这台机器足够听话，会告诉我们如何控制它。有趣的是，我们很少在科幻小说之外的地方看到这样的观点，有时候还真是需要严肃地看待科幻小说。

一旦超级智能机器成为现实，它们也许并不会很听话，它们会把我们当作低等物种来奴役，无视我们的权利，只追求它们自己想要的，完全不管会给我们带来什么。如果你觉得这个听起来有点不可思议、没必要当真，那从半个世纪以前快进到现在，数字技术的快速发展使得很多人相信古德提到的“智能爆炸”（有时也被称为“奇点”）可能存在巨大的风险，如果我们不小心对待，那人类的末日可能就不远了。

例如，史蒂芬·霍金曾说：“我认为发展完整的人工智能也许会导致人类走向终点。”这就类似于：如果《圣经·启示录》的四骑士出现，那么我们就会陷入更大的麻烦。问题的存在总是有前提的，微软创始人比尔·盖茨也表达了类似的观点：

> 关于人工智能，我是属于担忧阵营的。刚开始这些机器还不是超级智能，可以为我们做很多工作。如果我们能管理好它们，那将很好。几十年后，机器的智能将强大到

令我们担心。我和埃隆·马斯克还有其他很多人一样，不明白为什么有些人对此毫不担忧。

美国汽车制造商特斯拉的CEO（首席执行官）埃隆·马斯克如是说：

> 我认为我们应该十分谨慎地对待人工智能。如果让我猜测对人类最大的威胁是什么，那很可能就是人工智能，所以对于人工智能我们应该慎之又慎。越来越多的科学家认为应该从国家和国际层面进行全面监管，保证我们不会做出一些很愚蠢的事情。对于人工智能，我们正在召唤出某种恶魔。在所有这些故事中，总会有一个勇士拿着长剑和圣水，就好像他一定能控制这只恶魔，其实不一定。

如果你认为专家们的预言就是可信的，那不妨再想一想。很多专家也曾经做出过一些荒谬的技术预言。例如，2004 年，比尔·盖茨预言："两年内，垃圾邮件问题将被解决"。另外，马斯克也曾表示"未来我们不会生存在一个计算机模拟器中的概率只有数十亿分之一"。直译过来也就是说，你不是真实存在的，现在你是在《黑客帝国》的矩阵里面看这篇文章。

现实总是更加平凡，目前以及可预见的智能技术甚至不比一个算盘更聪明。问题的根源往往是人类的愚蠢和邪恶的天性。2016 年 3 月 24 日，微软为推特（Twitter）开发了一个基于人工智能的聊天机器人Tay。仅仅16个小时后，他们就不得不将其下线。本来预计Tay在与人类交互之后将变得更加聪明，相反，它变成了一个邪恶、崇拜希特勒、否认大屠杀、提倡滥交、宣称“布什发动了‘9·11’”的话痨。为什么会这样？因为它就像一张厨房纸，不加区别地吸收各种杂乱的、肮脏的信息，并被其影响。微软也因此进行了道歉。

这就是人工智能目前的状态以及更加真实的可预见的未来。计算机仍然无法自己找到就在它身边的打印机。虽然完全的人工智能只存在于科幻小说这件事并不值得我们得意忘形，但经历了这么多不负责任的、奇怪的对超级人工智能风险的猜测，是时候打开房间里面的灯了，停止对科幻小说里面的情节进行担忧，开始关注人工智能在现实中的挑战，这样才能避免在设计和使用智能科技时犯下痛苦和代价昂贵的错误。

为人工智能设定边界

为了明确这些挑战，我们必须明白一个基本出发点，人工智能的成功在很大程度上基于这样的事实：我们正在创造一个人工智能友好的环境，智能技术无处不在，充满整个世界，我们就像携带水肺在里面遨游的潜水员。应该让这个世界去适应人工智能，而不是相反。让我们来看看这到底意味着什么。

在工业机器人时代，我们为机器人定义的边界是一个三维空间，在这个空间里机器人可以成功地完成其任务。我们不会制作一个类似于《星球大战》中的C3PO机器人，完全重复人类也能完成的任务，如在水槽里洗碗。我们会根据其有限的能力，为这些简单的机器人设置运行环境，利用它们来提供预定的输出。洗碗机之所以能完成其工作，是因为其环境是根据它的简单能力而设定的。亚马逊的货架机器人也是如此，环境被设置为机器人友好型的。如果有一天我们能为无人驾驶汽车设置好其周边环境，那它们就能成为实用的商品。

以前，设置边界要么是一种单独的现象（你购买需要特定边界的机器，如洗碗机或者洗衣机），要么在厂房里面进行，而厂房是为这些机器精心设计的。现在，环境被设置为一个人工智能友好的“信息圈”，并渗透到现实世界的方方面面，我们每天在任何地方都可以看到，家里、办公室、大街上。事实上，过去的几十年我们一直在为信息技术设置边界，但我们并没有完全意识到这一点。

在 20 世纪四五十年代，计算机要占据整个房间。艾丽斯需要走到计算机里面来与其一起工作，编程意味着使用螺丝刀，人机交互类似于一种躯体关系。70 年代，艾丽斯的女儿从计算机里面走了出来，站在计算机面前，人机交互变成了一种语义关系。后来出现了DOS系统、命令行、图形界面和图标等交互手段。今天，艾丽斯的孙女又重新“走进”计算机，围绕着她的是不易被察觉的整个“信息圈”，人机交互又变成了“躯体关系”，包括触摸屏、语音命令、听力设备、动作感知应用、地理位置数据等。

在这个人工智能友好型的信息圈里，我们经常会被要求点击验证码（CAPTCHA，全自动区分人类和计算机的公开图灵测试）来证明自己是人类。这些验证码由一些稍微扭曲变形的字符串组成，可能混杂着一些其他图形，我们必须解读它们以证明我们是人类，而不是人工智能，例如，在维基百科注册一个新账户时就会用到它们。有时就是一个简单地写着“我不是机器人”的勾选框，程序不能进行点击，因为它们不能理解这条信息的内容，但对人类来说轻而易举。

每天我们看到越来越多的人在上网，会有越来越多的文件、工具、互相交互的设备、传感器、RFID（射频识别）标签、卫星、制动器、数据等，总而言之，更加边界化。另外，更多的工作和活动也在数字化：游戏、教育、娱乐、约会、聚会、争吵、关心 、闲聊、广告等。我们在一个设定了边界的“信息圈”里做这些事情，在这个“信息圈”里我们更像是客人，而不是主人。对于人工智能以及智能技术来说这是一个好消息。当我们对“信息圈”进行扩展的时候，它们的作用和成功将成倍增加，毕竟它们才是真正的数字原住民。但是，给世界设定边界的过程也会引发一些显著的问题，有一些问题是众所周知的，如数字鸿沟等，也有一些问题是更加微妙的。

“信息圈”里的婚姻

假设两个人，A和H，他俩结婚了并且希望婚姻能天长地久。但是A在家里做的事越来越多，同时变得更加呆板和顽固、不能容忍错误、不愿意改变，H刚好相反，变得更加懒惰、越来越依赖A。这样的结果就是两者的不平衡，A最终影响了两人的关系，并扭曲了H的行为，虽然A不是有意为之。如果二者的婚姻关系能继续维系，那都是因为A的谨慎经营。

在这个比喻里面，人工智能和智能技术扮演的就是A的角色，而人类就是H。这样做的风险在于：通过对世界设定边界，技术可能会塑造我们的物理环境和精神世界，并强制我们去适应它们，因为这是让世界继续运行下去的最好或者最简单的办法，事实上某些时候也是唯一的办法。所以人工智能将成为婚姻中呆板却付出得更多的一方，而人类则是聪明但懒惰的一方。如果不考虑离婚这个选项，那又应该是谁去适应谁呢？你可能会记得现实生活中有很多类似的例子，有时很多事情根本做不好，或者只能用一种很笨的方法来做，但对于计算机系统来说，这是它们完成任务的唯一方法。就像英国喜剧小品《小不列颠》里面的卡罗尔·贝尔一样，对于客户的请求总是说“电脑说不行”。

更重要的是，这些越来越智能的技术不断地在我们的生活中涌现，已经深深地影响到我们对自己和这个世界的看法。关键在于我们的机器并没有意识或者智慧，它们不能像我们一样理解或者认知某些事情。

有很多研究结果表明计算具有一定的局限性，可以证明：对于“不可判定问题”，不可能找到一种算法总能得到确切的“是/否”答案。我们知道计算机是满足“柯里–霍华德同构”的，这种同构关系显示逻辑推理证明系统与计算机模型在结构上是类似的，所以任何逻辑上的限制也同样存在于计算机程序上。大量的计算机集群可以做很多惊人的事情，包括在跳棋、国际象棋、围棋等棋牌游戏以及电视智力节目《危险边缘》中打败人类。一切皆有可能。但是，这些计算机都是某种类型的图灵机，这种抽象计算模型（图灵机）已经限定了计算机通过数学逻辑所能做到的事情的极限。即使量子计算机，也同样在计算上受制于这种限制（所谓的可计算函数），图灵机不可能像变魔术一样产生有意识、有智慧、有意义的实体。

关键在于，由于有大量的可用数据、能够相互交互的复杂程序（如能跨不同平台同步的数字日记本），智能技术能够比我们更好地完成越来越多的工作，包括对我们的行为进行预测。所以人类不是唯一能成功完成工作的实体，远远不是。这就是我定义的人类自我认知的“第四次革命”。哥白尼革命之后，我们不再是宇宙的中心；达尔文革命之后，我们不再是生物王国的中心；弗洛伊德之后，我们不再是自己精神世界的中心。图灵之后，我们将不再是“信息圈”、信息处理和智能代理世界的中心。我们与其他数字技术一起共享“信息圈”。

它们不是某些科幻小说里面具有超级智能的小孩，而是能在越来越多的工作中比我们做得更好的、普通的人造物，虽然它们并不会比烤面包机更聪明。它们的能力让我们感到自卑，让我们重新审视人类的特殊性，以及在宇宙中扮演的、仍是独一无二的特殊角色。我们认为自己是聪明的，因为我们会下棋，但现在一部手机就能战胜围棋大师；我们认为自己是自由的，因为我们能买自己想要的东西，但现在一个很小的设备就能预测我们的消费模式，甚至引导我们。

这对于我们的自我认知到底意味着什么呢？技术的成功在很大程度上依赖于这样一个事实：当我们在推测超级智能的可能性的时候，我们不断地用更多的设备、传感器、应用和数据来为这个世界设置边界，使其成为一个信息技术友好型的环境，从而让技术可以在不需要有任何理解力、动机、解释力、情感状态、语义技能、知觉、自我意识以及弹性智能（如把鞋子视为钉钉子的锤子）的情况下就可以取代我们。拥有算法和数据集的内存，在控制飞机降落、寻找从家里到公司的最短路径，或者查找你想购买的冰箱的最优价格等方面都会表现出更强大的智能。

因此，智能技术能够更好地完成任务，但这并不意味能够更好地进行思考。数字技术不能进行思考，更别说比我们更好地思考。但它们可以在越来越多的事情上比我们做得更好，通过处理不断增加的数据输入，分析它们自己的输出并作为下一次输入来提高它们的性能，这就是所谓的机器学习。阿尔法狗——谷歌DeepMind开发的一个计算机程序，打败了世界上最好的围棋选手李世石，因为它的数据库里面有3000万步棋着，并能够与自己对弈几千局，每次都“学习”一点如何提高自己。这就像一个双刀系统，能够自己打磨自己。但是我们想一想，如果在比赛中发生了火灾报警会怎么样：李世石应该会立即停止比赛并离开，但是阿尔法狗应该还会继续计算下一步该怎么走。

区别在哪里呢？这就像洗碗时，你与洗碗机的区别一样。这将带来什么后果呢？关于人工智能的任何末日启示录都可以忽略。真正的风险并不是某些超级智能的出现，而是我们有可能会滥用数字技术，给大部分人和整个地球带来危害。

小心人类

在任何可预见的未来，人类仍然并且应该是问题所在，而不是技术。这也是为什么我们应该在暗室里面打开灯、对我们前进的方向仔细斟酌。虽然没有怪物，但是会有很多障碍需要我们绕开、移除或者商议。我们应该担心的是真实存在的人类的愚蠢，而不是假想的人工智能。问题的所在不是人工智能，而是人性。

所以我们应该把精力专注于真正的挑战。最后我总结了以下5条结论，它们都同等重要：

• 我们应该确保人工智能是环境友好型的。我们需要最智能的技术来解决人类和地球遇到的各种麻烦，从自然灾害到金融危机，从犯罪、恐怖主义、战争到饥荒、贫穷、无知、不平等和令人触目惊心的生活条件。例如，有 7.8 亿人无法获得清洁的饮用水，有将近 25 亿人没有基本的医疗保障。每年有 600 万—800 万人死于各种灾害以及与水相关的疾病。这才是我们面临的最大威胁之一，而不是人工智能。

• 我们应该确保人工智能是人类友好型的。就像康德所说的一样，人工智能应该把人类始终视为目的，而不是手段 。

• 我们应该让人工智能为人类工作。数以百万的工作将被瓦解、消失，同时也会有新的工作出现。这种转变的好处应该由大家共同分享，成本由社会共同承担，因为以前从来没有这么多人需要经历这么剧烈和快速的转型。农业革命用了上千年的时间来完成其对社会的全面影响，工业革命也经历了几个世纪，但是数字革命仅仅用了几十年。这也难怪我们会感到困难和措手不及。

• 我们应该充分利用人工智能的预测能力为人类的自由和自主权工作。营销产品、影响行为、鼓动群众，或者打击犯罪和恐怖主义，所有这些都不能损害人的尊严。

• 我们应该利用人工智能让我们更加人性化。存在的严重风险是我们可能会滥用智能技术。温斯顿·丘吉尔曾经说过，“我们塑造了我们的建筑，之后我们的建筑塑造了我们”。这同样适用于“信息圈”和身处其中的智能技术，所以我们现在最好确保它们是正确的。

第 14 章　数据驱动的世界[①]

大规模的、创新的、无处不在的数据应用将使得很多事情变得更容易、更便宜、更丰富。

清晨你在床上醒来，你的私人助理机器人就盘旋在空中伺候你吃早餐：蛋白质丸和浓缩咖啡片。你打了一个呵欠，天花板上的呼吸传感器就可以进行生物化学方面的数据分析，检测你是否生病了。然后你可以穿上自动驾驶的喷射飞行包去公司上班。

醒醒吧！上面只是科幻小说中的场景。但是在未来 30 年，随着人工智能技术的触角深入人们生活的方方面面，有些根本性的变化正在发生。企业和社会的各个方面都将受到数据的影响，就像过去 30 年，计算机和互联网带来的影响一样。

---

① 本章作者肯尼思 · 库克耶是《经济学人》杂志数字产品部资深编辑，与他人合著了《大数据时代：生活、工作与思维的大变革》一书。

科学的现代革命始于1638年伽利略的“对话”①，他提出，所有的自然现象都可以用数学语言来表示。因此，通过收集和分析太阳底下所有这些活动产生的数据，就能更好地理解和优化这些活动，一个新时代也会随之到来。信息将被视为必不可少的资源，19世纪由蒸汽驱动，20世纪由石油驱动，21世纪将由数据驱动。

通过先进的人工智能技术，我们可以以前所未有的规模和自动化的方式进行学习。美国技术哲学家凯文·凯利称之为“认知”②，即将智能附加到任何事物上。之所以能做到这一点，主要是因为微型计算机芯片和优良的算法，但是实际的智能需要依赖于数据。并且由于数据是命脉所在，所以各种工具不仅仅使用数据，也会源源不断地收集新数据。

我们已经可以看到这些前兆，在诸如温控器（谷歌有个名为Nest的产品）、可以计算步数和跟踪心跳的健身追踪器，以及可以用声音激活的个人助理（谷歌的Home以及亚马逊的Echo）上，这些都已经没有什么稀奇了。到2050年，这些都将和半个世纪前的手表或者无线电一样普通。

将数据应用于日常生活，也就是说我们有了世界如何工作

---

① 原文用的是意大利语单词“discorsi ”。因为伽利略1638年出版了《关于两门新科学的对话》（*Discorsi e dimostrazioni matematiche intorno a due nuove scienze*）一书。在此书中，伽利略奠定了运动学的基础。——译者注

② 凯文·凯利在他的著作《必然》（*The Inevitable*）提到了未来发展的12个趋势，其中第二个就是“认知”。——译者注

的经验数据。当然，很长时间以来，我们都有这方面的经验，但是当数据量很小时，我们可以知道的只是那些很大的、不可忽视的模式。现在，随着有更多的数据可用，我们可以监测到更加细微的模式。如果在未来 35 年我们能够像过去 35 年在计算机方面那样提高效率，那我们可以看看 2050 的生活将会是什么样的。

主要有三个趋势：第一，今天很难的事情将会变得更加容易；第二，昂贵的东西将会更加便宜；第三，稀缺的事物将更加丰富。简而言之，就是容易、便宜、丰富。让我们来看看这三种趋势在社会上最主要的一些领域的反映：医疗保健、教育和法律。

自我治愈

目前的医疗方法与 19 世纪的更像，而不是 21 世纪的。医生需要依靠教科书和多年积累的经验来做出决定。这听起来很合理，但是实际上有点荒谬：任何一位从业者都不可能熟悉所有可能的情况和最好的治疗方案，特别是新的治疗方法不断出现。

如果谷歌可以在数十亿的网页中把最相关的网页搜索出来，亚马逊可以为你推荐需要购买的商品，那医生为什么不能依赖计算机来进行诊断呢？到 2050 年，这可能会成为标准的做法。医疗记录将是电子化的，算法将对所有的数据进行梳理，找出最佳方案与副作用之间的相关性。

数据库将是世界上最聪明的医生：它能记住所有的病例，通过分析治疗方案和结果之间的关系，找到在给定情况下最有效的方法。但是如果医生试图在不利用大数据系统的情况下进行诊断，那他们就被认为是玩忽职守，就像现在航空公司的飞行员如果关闭自动驾驶仪，按照以前的方法仅仅戴着头盔和护目镜来降落飞机，他们就会丢掉工作。

IBM的认知计算平台Watson已经整合了医疗信息，希望能够在医生进行疾病诊断时提供支持。大数据系统甚至已经被用于设计新药。机器人手术系统正在利用以前的操作数据进行“训练”，就像自动驾驶汽车依靠以前的驾驶经验一样。

在医疗保健领域大数据一定能大显身手的是计算机病理学。2011年，哈佛大学的安德鲁·贝克领导的一个研究小组利用计算机视觉和机器学习算法分析乳腺癌细胞组织切片以及病人的存活率，检测系统在预测癌症方面能否达到人的水平。令人惊讶的是，系统不仅做到了，而且还高于人类的水平：算法用于预测高度癌变的11个特征中，只有8个是癌细胞本身的，其他3个特征与癌细胞周边“基质”组织相关，而医生不会对这些组织进行检查。虽然人眼没有发现这些特征，但是算法通过分析大量的数据把它们找出来了。

这种技术还处在实验阶段，相关的法规也需要进行修订以便允许使用计算机病理学。但是到2050年，它将成为医疗诊断的主要方法。关键是数据将彻底改变医疗保健的提供方式。更广泛地说，任何在条件不确定的情况下，需要进行高度专业化的培训、判断和决策的时候，算法都将比人做得更好，它将更准确、更快速、更便宜。

数据与教育

数据将带来转变的第二个领域是教育。19 世纪，公共教育在西方世界变得很普及，是为了取代一个私人导师的世界。私人导师只为上层阶级服务，教学是针对每个人的能力量身定制的。教育系统也刚好反映了当时的工业组织形式——工厂，教学就像大规模生产，学生在同一条流水线上进行组装，都是一刀切，很难再有其他的教育形式。

就像现在一样，数据在那个时候偶尔会被使用：可能是某次测试的分数，或者是某次作业的评分。那时，没有人不断地收集和分析这些数据，以便知道哪些方法最好，或者需要如何根据学生的需要来改变教学方法。以前，这样做的成本很高并且很麻烦。现在，这些限制正在消失。因此，我们可以重新想象 2050 年的教育将会如何：数据将用于不断地跟踪学生和老师的表现，以了解哪些是最适合教学的。这些数据可以被重新引入个性化定制教学，这是大规模流水线公共教育时代所缺失的。

教育平台将被数字化，所以数据能够随时被收集。在某些情况下，这意味着一个“翻转课堂”[①]，学生可以在家里听讲座（而不是自己一个人做家庭作业），然后带着问题到学校上课（老师可以提供帮助）。

已经有一些这方面的案例雏形了。2012 年，当时斯坦福大学的计算机科学教授吴恩达教授开设了一门在线课程，利用数据可以帮助他提高教学质量。通过分析视频的观看日志，他注意到一个奇怪的现象：学生们一般都倾向于顺序观看视频，但是在第七课附近，他们会跳回到几周之前的第三课。因为有成千上万的学生观看了在线课程，这并不是一个偶然现象。到底发生了什么事呢？他对此进行了仔细研究，发现前面的课程是数学基础课，学生在学习了几周后，在复杂的算法方面受到了打击，对自己的数学技能失去了信心，因此又返回去学习前面的数学基础课。因此，他意识到需要改变课程，在开始阶段增加更多的数学课程，以便学生们能为后面更难的课程打下基础。

在线课程仅仅是一个开端。当教科书也电子化装进设备里面之后，学生利用设备学习的同时，设备也将从学生身上进行学习。该设备能够知道学生是否正在阅读、阅读速度有多快。如果学生的注意力不集中了（可以通过阅读速度的变慢监测

---

① 翻转课堂是一种新的教学模式，2007 年起源于美国，翻转课堂会先由学生在家中看老师或其他人准备的课程内容，到学校时，学生和老师一起完成作业，并且进行问答及讨论。由于学生及老师的角色对调，而在家学习、在学校完成作业的方式也和传统教学不同，因此称为“翻转课堂”。——译者注

到），电子书可以自动插入一段短的解说视频或者一个小测验来让学生保持注意力。电子书将会知道星期天下午学生是否在家里，或者星期一在校车上看书，它也能分析考高分是否与在饭后学习有关。

因此，数据之于教育，就像其之于医疗保健，从静止到流动：从一次性、离散的事物到源源不断、连绵不绝的数据流。这将让自适应学习技术能够有用武之地。其原理就是通过分析学生的行为，选择完全适合每个人的教材和教学节奏。所以如果一个学生快速地解决了三个三角形的数学问题，软件将自动调转到一些更有挑战性的问题。如果学生对于圆周问题不太擅长，软件将额外增加这方面的训练。今天，即使是得A的学生，在他们的知识中也存在"瑞士奶酪式"的间隙[①]，而适应性学习可以保证学生在转入到下一个学习环节之前已经完全掌握了当前学习的内容。

到 2050 年，数据将使得教育能够回归初心，做到量体裁衣、因材施教，而不是今天这样的教学方法。教育将更加容易、更加便宜、更加丰富，同时能够为更多的学生服务。

取代律师

法治是十分宝贵的东西，但是大部分人更愿意生活在法律

① 瑞士奶酪里面有一个个的小洞，这里是指即使成绩很好的学生，在其知识体系中也会存在一些漏洞。——译者注

专业人士更少的世界里。莎士比亚在著名的剧作《亨利六世》的中篇第四幕第二场中，借屠夫迪克之口说“我们的首要任务就是干掉所有的律师”。直到最近，法律一直是数据最少触及的行业之一，这是一个依靠书面论据和人为判断的领域。这种情况正在发生改变，到2050年，数据将深入律师职业的核心，成为正义的化身。

数据已经被用来鉴别不公平的警察活动或者判决，例如，在美国，相对于白人青年，黑人青年更容易被搜身或者定罪。当律师团队挑选陪审员的时候，已经有几家公司开始为审判律师提供选择陪审团的服务，因为数据显示陪审员存在一定的倾向性，例如，亚洲女陪审员更倾向于给女性被告做出有罪判断。该系统通过将很多陪审员的个人信息及其审判结果进行关联性检测，能够让律师提高选择有利于本次审判的陪审员的概率。

另外一个领域是电子证据查询。复杂的公司诉讼可能需要查询数百万页的文件。过去是让刚入门的律师进行人工检索，十分昂贵并且效率很低。但是系统可以通过扫描关键字或者查看电子邮件流量来发现可疑行为，这样做的成本很小、速度很快，并且准确度比人类更高。

其他数据密集型的应用也正在研发中。一家名为Ravel的创业公司正在把美国成千上万的判例法，包括动议、命令、判决等都收录到一个很大的数据仓库里面，以便提取各种细节、寻找相关性，目的是为了彻底改革法律方面的研究。最终，律师不仅能够找到以前相关的案例（目前的系统也能做到这一点），还能看到哪个案例在胜诉或者败诉的判决中有更多的引用，甚至能够分析某个地区或者法官更喜欢引用该案例。他们能够找到对方律师最常使用的论据，并针对这些论据制定最有效的辩护策略。

到 2050 年，大多数的诉讼摘要以及法律合同至少都将通过算法进行数据挖掘自动生成草稿，这样可以找出最有利的证据。但这些文件还是需要一位真人律师来进行审阅和批复，以确保各条款都是客户和辩护律师所需要的。同样，虽然可以通过算法来为一些基本的争端提供可靠而且一致的判决，但是律师协会仍然需要一位真人法官，这样才能让被裁决的双方以及公众至少有一种被重视的感觉。就像法学最重要的一点是正义，而不是简单地完成判决一样，每个人也都觉得自己应该要和一个真人在法庭上待一天，而不是机器人。

数据将提高社会的法治水平，创造一个更加公正的社会。到 2050 年，将不会再有法官因为担心被告存在潜逃风险而拒绝其保释的案例发生。相反，保释金额将根据数据来确定，就像现在银行根据贷款人的数据来确定贷款利率一样，假释委员会的成员通过查看囚犯的相关数据，就可以知道提前释放他是否会给社会带来威胁。这听起来像是科幻小说，实际上，这是基于囚犯重新犯罪的统计概率得出的结论。

数据和法律融合带来的一个影响是，律师行业变得更有效率，能够有更好的证据以及更快的判决（对客户的收费是否能因此更便宜还有待观察）。有了大数据，律师行业会更加容易、成本更低，同时更加丰富，能把正义推广到更多的人。今天，寻求法律来解决争端的想法有时显得很奢侈，而不是一种权利。许多人都被挡在门外，法律根本无法帮到他们，因为不公正的对待还不值得用烦琐的法律手段来解决。以后随着数据给法律服务带来经济方面的改变，寻求法律援助的成本可能会下降，提供法律服务的能力会进一步扩展。我们可能会发现，法治在社会上变得越来越广泛，就像印刷机的出现让信息的存储和传播成本大幅下降、让知识传播得以扩张一样。

就业的末日？

纵观整个社会，和医疗、教育和法律行业一样，数据都将带来巨大的进步。但是也存在一些担忧，可能会给工作岗位带来灭顶之灾。如果有一种算法能够比人类的病理学家更好地检测到癌症，那是不是很多医护人员将失去工作？如果一位教授能够同时在线为数十万名学生授课，那我们是不是就不再需要那么多教师了？也许我们没有必要像莎翁所说的那样干掉律师，因为他们会自己消失，只需要数量很少的资深合伙人来检查算法的工作情况，不再需要大量的初级员工。

对于很多人来说，这肯定是一个痛苦的过渡期。但是从长远来看，医疗、教育和法律等服务市场没有理由不进行扩张，甚至提供更多的工作岗位。不过工作的性质可能会发生改变，变得更好，因为那些没人愿意做的脏活、累活都将由算法来处理。

以病理学家为例。仍然需要一些人与算法打交道，检查它们的工作情况，确保在实际工作中的新发现能够及时地更新到系统里面。随着效率的提高和成本的急剧下降，目前这种只有等到感觉不舒服了才去医院进行细胞样本检查的模式将会彻底被改变，以后每天都可以从日常活动中采集数据进行分析。我们不仅仅为负担得起的人进行这样的检测，而是为所有人服务。以前由于数据的缺乏，我们对一些疾病一无所知，毫无疑问，以后对于这些疾病我们将能了解得更多，所以在这样的世界里，我们将需要更多的病理学家。

病理学家的技能需要提高，充分利用他们的人性。相较于今天，他们需要更好地向正在经历病痛的患者解释和说明算法的诊断结果。医生应该提高他们处理病患关系的技巧，医学院在传授生物学的同时，也需要进行心理学和沟通技巧方面的培训。

其他职业也会出现类似的就业浪潮。如果教室被翻转了，实践性教学将更加重要。我们将不再需要在讲台上摇头晃脑的夫子，而学生在底下昏昏入睡。老师将变得像体育教练一样，既需要鼓励运动员去争夺胜利，也需要在失败时为他们打气，但是这需要新的技能。同样，我们可能需要更多的律师，这样我们可以有一个更加公正的社会，因为算法将和律师一起让更多的人有更多的机会获得法律援助。

因果倒置

这些数据带来的进步将引发一个扭曲：我们将能更好地了解这个世界发生了什么，但是对于为什么发生，我们的理解将变得更差。机器学习系统能够识别细胞样品是不是发生了癌变，但是不能说明为什么，因为相关的模式是如此之多、如此微妙，以至于人类无法理解。教育算法能够识别出哪个学生有退学的风险，但是没有任何单独一个特征能够解释为什么它的判断是正确的。软件可以告诉警察，他们应该到某个特定的区域巡逻，因为该地区的犯罪率似乎有升高的趋势，但是它不能告诉你为什么。

在大数据之前，我们的生活充满了各种变数，由于信息的匮乏，我们的认知十分狭隘，所以大数据带来了一个充满新变数的人工智能时代，我们将获得大量信息，却不知其所以然。社会将在效率上取得胜利，代价是缺少对于系统背后的原因和后果的理解。2050 年，很大一部分决定都是通过黑盒子做出来的，缺少透明性，而这是问责机制的基础。

我们将制定相关的法规来适应这种新世界。2018 年生效的欧盟数据保护法令指出，需要为公众提供算法决策的“解释权”，就像个人隐私有“被遗忘权”一样。美国监管机构对于使用先进的数据处理算法可能带来新类型的高科技歧视表示公开担忧，因果关系问题正是症结所在。它已经带来了危险：美国一家大型医疗器械公司的工程师承认，该公司的一个植入设备使用了稍微差一点的方法，因为更好的算法是基于“深度学习”的，而这种算法不能按照监管机构要求的那样提供确切的工作原理。

到 2050 年，世界将更加舒适，人们为了效率而放弃了一些因果关系，就像启蒙运动结束时那样，人们接受了能够观察到的现象，而没有深究其自然原理。数据会因为人性而失色。

数据，无处不在

随着数据价值的增加，将会有人要求对数据进行标价，特别是个人信息。这样将使得个人隐私变成一种资产，以便更好地保护它。公司如果使用这些个人数据将需要获得更明确的许可，如果不能保护用户隐私或者滥用数据，它将蒙受更大的经济损失。

就像我们使用银行存储货币资产一样，一个新兴的行业将出现——数据银行，用来保存公司和个人的信息资产。2016 年，很多上网用户下载了广告拦截软件安装到其设备上，用于屏蔽网站的在线广告。很容易想象，将会有类似的软件管理个人数据的传输并收费。但是，目前免费的服务，如脸书、谷歌都将会有一个价格标签，除非我们愿意免费提供数据。所以到 2050

年，隐私可能成为一种奢侈品，就像商务舱或者第二套房子一样。

到那个时候，任何事情都将与数据关联起来，这将产生三大变化。第一，无论我们做什么都将更有效率，有些事情可能会有一种全新的方法。第二，我们将更加了解这个世界，而不仅仅是数据匮乏时我们观察到的那样。第三，数据的角色将由静止变成动态的，也就是说，我们将像动画那样持续地跟踪事物，而不仅是静止的快照。

大数据不会把天堂带到地球上，人工智能也不会让我们长生不老。狮子不会躺在羔羊旁边，我们也不会把冲锋枪换成自拍杆。但是几乎所有的事物都将被数据优化，世界能够变得更美好。

第 15 章　掌握自己的命运[1]

如果这个世界上的每位女性都有一部智能手机，那将彻底改变她们的生活。

“萨比塔是谁？”当时我正看着萨比塔·德维，当她说话的时候。她把自己描述成一位生活在恰尔肯德邦的妻子和母亲，这是印度最贫穷的地方之一，在这里的大部分时间她都待在家里。她说：“村里没有人知道我的名字。”她与外界的联系完全通过丈夫：包括她能和谁说话，能买什么东西，什么时候能去看医生。除了她的孩子，她与所有人、所有事物都彻底隔绝了。

这种孤独感和隔离感对于任何时间和地点的女性都是普遍存在的，只需要问问过去一个世纪美国任何一位女权主义作家就可以知道。解决的方法很复杂，涉及逐步地改变各种文化中

① 本章作者梅琳达·盖茨是比尔与梅琳达·盖茨基金会联合创始人、联合主席。

约定俗成的观念，没有任何一个App（应用程序）能够做到这一点。

这并不意味着App不能提供帮助，事实上，App能给予很多帮助。假如全世界每位女性都有一部智能手机，这将有助于打破她们的藩篱，前所未有地释放她们的力量。

以医疗保健为例，如果每位女性都有了智能手机，她们将能在正确的时间，以正确的方式，获得正确的信息。例如，居住在尼日利亚的文盲妇女在她怀胎三个月的时候就能收到语音信息，用豪萨语（尼日利亚当地的语言）解释贫血症，以及如何补铁。这套系统还能在需要的时候提醒她去进行产检，或者给她的孩子打疫苗。另外，在医生的指导下，她还能使用手机来量体温、血压以及其他信息来进行自我诊断。

然后是农业方面。农民之所以穷，很大程度上是因为他们无法获得能让土地扩大产出的信息。例如，他们对于土地的营养成分一无所知，这就意味着他们不能选择正确的化肥或者种植最合适的作物。同样，他们对于农作物的市场价格没有可靠的信息，所以他们被迫接受采购商给出的价格。由于非洲大部分农民（以及很多南亚的农民）都是女性，所以这也是一个关于女性的问题。另外，平均而言，女性农民的生产率比男性更低，原因有很多，包括农业培训中的性别歧视，在收获季节，女性劳动力要想被雇用也比男性更难。

有了智能手机，女性农民就能观看为当地农民提供的、基于当地的土壤和天气情况进行的培训视频。还将有App告诉她们，各种农作物在各个市场上的价格，所以她们是信息充分的卖家。她们还能够通过手机互相联系，女性农民可以有效地组织合作社，这样她们就能利用组织的强大力量表达自己的诉求，而不仅仅是单打独斗。

银行业务是另外一个例子。即使是最贫穷的妇女也有一些资产。让女性掌握自己的命运最关键的一点是确保她们能够控制自己的资产。我曾经读到过一个令人震惊的研究报告，当由女性决定家庭预算时，儿童的生存率可以提高 20%，因为她们会倾向于把钱用在食物和医疗方面。

传统银行在为小额交易客户服务时很难有利可图。这让贫穷的妇女不得不转向非正式的金融，如保留现金、购买珠宝或者牲畜作为一种非流动性储蓄，以及借高利贷。

数字技术可以降低交易成本，人们可以通过手机安全地进行小额存款、借钱或者购买保险。该技术已经在孟加拉国、肯尼亚等国开始应用，但是很多新兴的数字经济都是男性主导的，因为男性的手机拥有率比女性高很多。在孟加拉国，只有 46%的女性有手机，男性为 76%，所以，只有 13%的女性使用移动金融服务，男性为 32%。如果全世界都能达到这样的比例，那么还有 10 亿人可以享受这种金融服务。

并不难实现

如此美好的前景并不是很难实现的，我谈的不是科幻小说里面的未来。全球有超过 2/3 的人已会使用手机，智能手机越来越普及。2014 年，全球就销售了 10 亿部智能手机。

这些统计令人鼓舞，但是我们还远远没有达到智能手机普及的覆盖率。数据服务必须更加便宜，很多有智能手机的人并不使用互联网，因为太贵了。我们必须让网络连接推广到最偏远的地方，因为从最广泛的意义上来说，这些地方才是最需要网络的。

另外的工作就是确保女性能够像男性一样拥有自己的手机，并且有专门针对她们的特殊需求开发的App。还有一个很大的障碍就是女性的文盲率，如果她们不识字，那就无法充分利用手机带来的好处。

技术本身并不会带来性别平等。但是，通过帮助女性建立以前她们不曾有过的联系，智能手机一定能够改变这个世界。

第 16 章 超级技术和超级不平等[①]

技术带来了很多的不平等，但是它在很大程度上也能解决不平等。

1845 年，在第一次工业革命的高峰期，本杰明·迪斯雷利，一位年轻的政治家发表了一篇有两个标题的流行小说,《西比尔》或者《两个国家》。他为读者呈现了西比尔的浪漫故事。但他的真实目的是展现分裂的英国，新经济的引擎已经把英国分裂成了两个国家：

> 两个国家的人互相没有交集，也没有怜悯，对于彼此的习惯、想法以及感受都视而不见，就像他们是来自两个不同星球的居民。种族不一样，喂养的食物不一样，教养不一样，并且不遵守相同的法律：穷人和富人就是这两个不同的国家。

---

① 本章作者阿德里安·伍尔德里奇是《经济学人》杂志管理编辑以及熊彼特专栏作家，最近出版了《乱中取胜：商业贸易如何应对混乱时期》一书。

迪斯雷利提到的两个国家的问题再次出现在我们面前，不仅仅是在英国，过去30年所有生产的财富都被最富有的1%的人掠夺走了。越来越多的不平等把社会分为了两个世界，“互相没有交集，也没有怜悯”。大城市的精英们嘲笑普通大众是“种族主义者”、仇外者和穴居人，而小市民则谴责大城市的精英们为出卖自我的叛徒。越来越多的不平等现象正在破坏资本主义秩序的基本支柱：机会和向上的流动倾向，经济增长和共同繁荣。2016年6月，英国决定脱离欧盟。2016年11月，唐纳德·特朗普当选美国总统。这些就是民粹主义飓风中引人注目的例子，人们都被不平等带来的恐惧和自由秩序被破坏带来的威胁驱使着。

人们有越来越多的共识“必须做些什么”来平息这场飓风。奥巴马把不断下降的社会流动性称为“我们这个时代最大的挑战”。希拉里·克林顿宣称“我们没有足够的社会流动性”。唐纳德·特朗普声称，他支持美国的普通民众反对腐败和自满的精英。所有不同政治立场的评论家都达成共识：右翼的查尔斯·默里写了一本名为《分裂到来》的书；左翼的乔治·帕克写了一本同样令人绝望的书——《解密：新美国秘史》；中立派的戴维·布鲁克斯警告说，不平等现象是资本主义“大萧条以来最大的道德危机”。

我们究竟要做些什么呢？自由主义者经常提到的是教育，但是提高学校教育水平是非常困难的：自从1970年以来，美国公立中小学每个学生的真实投入（扣除通货膨胀）增加了一倍多，考试成绩却基本保持不变。一些更聪明的举措，如特许学校[①]或者磁性学校[②]经常是仅能成功一段时间，然后就失败了。保守派越来越多地指出要加强移民管制，但是阻碍人才的流动将减少增长的动力和活力，人才就如资本一样，会流向欢迎它的地方。

我的观点是，解决这个问题在很大程度上要依靠技术。

分界与学校

的确，技术需要为不平等的增长负一部分责任。即使像日本和斯堪的纳维亚这些比英国采用了更平等政策的国家，各种不平等现象也在增加。技术创新使得两类人从中受益。聪明的知识型员工可以利用计算机来提高他们的产出，同时减少对外部支持的需求：明星学者可以写更多的文章，明星律师可以受理更多的案件，明星记者可以写出更好的故事。最聪明的知识型员工可以在全球市场兜售他们的各种突破性想法：如果你

---

① 特许学校是经由州政府立法通过，特别允许教师、家长、教育专业团体或其他非营利机构等私人经营，公家负担经费的学校，不受例行性教育行政规定约束。这类学校虽然由政府负担教育经费，却交给私人经营，除了必须达到双方预期的教育成效之外，不受一般教育行政法规的限制，为例外特别许可的学校。——译者注

② 磁性学校起源于 20 世纪 60 年代，顾名思义，就是“有吸引力的学校”，又被称为“特色学校”。它办学特点鲜明，针对儿童的特殊兴趣爱好，开设富有特色的课程，学生就学不受学区限制。——译者注

能发明更好用的鼠标，那全世界都将争先恐后地向你送钱。同时，创新也让那些只会从事常规工作的人降低了议价能力：任何简单重复的工作最终都将被智能机器接管。一大批中产阶级工人将面临与20世纪80年代产业工人同样的命运：持续不断的工资下滑压力，不断地被剥夺工作。“零时工合同”[①]是零合同的前奏。

技术带来的破坏性已经使得当前工业革命的“首都”——旧金山变成了美国最极端的城市之一。城市一味迎合技术精英：咖啡馆专门提供融合亚洲和墨西哥风味的食物或者某种最新风味的食品，挤满了业界翘楚，在这里他们不仅可以享受到食物，还可以免费使用充电设备。但是那些不在高科技公司工作的人不得不搬离居住多年的老房子，因为租金飙升。流离失所的人每天都在增加，在他们走过的地方总是留下汗臭味。年轻的技术人员，耳朵里总是塞着耳机，熟视无睹地从垃圾和废墟中穿过。

如果造成社会分裂的这种力量能够被很好地引导，也可以提供机会。信息技术具有调整作用：它能够把权力赋予消费者，挑战进行权力寻租的精英，降低很多服务的成本。现在平均每部智能手机的性能是20世纪50年代整个麻省理工学

① 零时工合同是指雇主雇用员工却不保证给其安排工作的合同情形。签订这种合同就意味着，员工只在有工作需求时干活，需随叫随到，做多少工作拿多少报酬。——译者注

院所有计算能力之和。另外，它也具有普适性：能够触及世界上最偏远的角落，把富人专享的奢侈品转化成穷人承担得起的普通商品。约瑟夫·熊彼特曾经说过“资本主义的成就”不是“为女王提供更多的丝袜，而是让工厂的女工都能买得起丝袜”。同样的观点也适用于个人电脑和智能手机这样的设备。尼德·路德认为解决“机器问题”的方法是破坏机器，但更聪明的解决办法应该是把这些机器变成你的仆人。

未来 50 年的技术趋势将是乐观的：政策制定者将学习如何利用技术来解决不平等问题。事实上，已经有很多这样的例子了。

在促进社会公平方面，技术最大有可为的地方是降低劳动密集型服务（如教育）的成本。最近几十年，高质量教育的成本增长要大于生活成本的增长。精英大学已经成为富人的奢侈品：哈佛大学学生家长的平均收入现在已经超过了 45 万美元。二流大学的教学质量在不断下降。虽然欧洲国家对于它们的大学感到骄傲，因为这些大学免费并且面向所有人敞开大门，但是没有任何一个欧元区的大学能够进入大学排行榜的前 30 名。很多学校不仅规模小，而且教学质量不高。

威廉·鲍莫尔曾经提出过这样一个无法避免的问题：服务业的生产率增长必然会慢于制造业的生产率增长，因为一部弦乐四重奏总是需要四位音乐家来完成[①]。鲍莫尔的这个例子已经不攻破了。有了技术的帮助，你可以在家中聆听弦乐四重奏几乎完美的复制品，而不需要为了去音乐厅而舟车劳顿，也不需要被其他观众的咳嗽和窃窃私语打扰。事实上，有了Spotify和Apple Music，你只需要每月支付一笔相对合理的费用，就可以听到市面上发行的绝大部分音乐。数字革命已经改变了大部分服务业，如零售业，以及像新闻这样的知识产业。通过使用这些节省劳动力的技术，必将给教育和医疗产业带来改变。

可汗学院

技术已经对教育成本发起了攻击。可汗学院目前每个月向超过400万名儿童提供免费课程，并且还在持续不断地增加课程，已经有超过5000门课程。连比尔·盖茨都鼓励自己的孩子使用可汗学院。在美国，大概有1/10的大学生完全在网上学习，这样的情况已经持续一段时间了。麻省理工学院、斯坦福大学和加州大学伯克利分校等一流大学都将它们的一些课程放到网上。美国人民大学（UoPeople）提供免费的高等教育（需要支付几百美元的申请和考试费用）。虽然，MOOC（慕课，

① 20世纪60年代，鲍莫尔研究艺术经济学，他注意到了一些令人吃惊的事情：音乐家的生产率并没有提高。在1965年，四位音乐家创作一部弦乐四重奏作品所花费的时间与1865年是相同的，但是1965年的音乐家赚的钱比1865年的音乐家多多了。——译者注

即大规模在线课程）的辍学率之高让人失望，但是我们还处于开发新课程的早期阶段。MOOC必然将为其学生提供更加全面的社会支持和激励，就像英国的公开大学在20世纪60年代那样，结合电视远程教学与本地教学。技术的威力正在急剧增长：在线视频每天都变得越来越生动，让最好的教授面向全球授课只是时间问题。

技术也经常被用来解决效率方面的问题。许多公司，例如，Reasoning Mind和DreamBox，生产了“适应性的”或“个性化的”学习机器，用于收集每个儿童的个性化数据，然后根据每个人的需求自动定制教学。这些程序在诸如加利福尼亚州的Rocketship Education以及纽约的New Classrooms等特许学校特别受欢迎。越来越多的学校在使用iPad来进行“翻转课堂”学习：老师鼓励学生在家里通过iPad掌握知识，然后在课堂上讨论他们所学到的东西，而不是通过课堂上的课程来灌输知识。

不平等问题很难解决的一个原因是它是与生俱来的，从怀胎十月开始，到婴儿和幼儿园，中产阶级的母亲就为他们的孩子营造更健康的环境。中产阶级的孩子在他们出生后的两年，比工薪阶级的孩子多听到几百万个单词。中产阶级的父母更倾向于为他们的子女提供学前教育。政策制定者最初想通过一些直接的干预措施来解决这个问题，如更普遍的学前教育。但是现在，他们尝试着使用一些更加细致的干预办法，如让怀孕的母亲吃得更健康一些或者从精神上鼓励这些孩子。新技术在这方面可以做得更多、更容易。2014年，美国罗得岛州普罗维登斯市的市长安杰尔·塔夫拉斯推出了一项早期儿童干预计划："普罗维登斯谈话"。在该项计划里，父母带着设备记录他们每天说了多少个单词，并且父母要定期接受如何更好地与子女交流的培训。塔夫拉斯的设备只是一个开始：几年内，福利部门将定期为贫困母亲提供相关设备，这些设备不仅可以为她们提供抚养孩子的建议，还可以帮助她们了解她们做得怎么样。

免费教育

不平等持续存在的另外一个原因是"无名的裘德"[①]问题：聪明但是贫困的孩子历经苦难、受人忽视、不被认同，冷漠的中产阶级的孩子却能茁壮成长、不断被溺爱他们的父母挤到同龄人前面。现在的技术有望能够提供更严格的挑选：中小学和大学将可以使用更加复杂的技术和更多的数据来寻找那些被湮没的人才。以色列国防军在这方面走在世界前列：8200部队，一个汇集了网络安全精英的部队，从以色列所有的学校里面筛选最聪明的学生，不论其出身背景。选拔人员通过孩子们

① 英国作家托马斯·哈代创作的最后一部长篇小说《无名的裘德》：主人公裘德从小到大都是一个勤奋好学、有理想和抱负的人，一心想上大学，但是他出身贫寒，尽管刻苦自学，但大学的门始终不为他打开。他那个时代，大学是为上层阶级开设的。求学无门，裘德的理想无法实现，精神受到打击，婚姻也不成功，最终郁郁成疾，年未满三十，即含恨而终。——译者注

在电脑游戏中的表现，以及更多其他常规教育测试来发现天才儿童。一旦被选拔上，他们会为这些孩子提供严格的训练和丰厚的奖学金。该部队的退役人员已经创建了很多科技公司，如CheckPoint、Imperva、Nice、Gilat、Waze、Trusteer以及Wix等。

技术也可以解决现代教育的两个弱点：职业教育和职业指导。职业教育一直以来与现代教育格格不入：学校的传统教育痴迷于学术教育，并且随着大学的扩张，这种痴迷有增无减。技术可以为职业教育注入魅力和活力。例如，现在有些公司提供高科技的职业培训，可以让学生目睹如何控制强大的机器工作，或者进行精细的操作。

职业指导一直以来都不受人们重视，敷衍了事：当我在大学接受职业生涯指导时，就是让我到牛津北区的废墟里去看一个退休的军官。现在有些创新者开始使用技术来解决这个问题。LearnUp是硅谷的一家公司，尝试为那些没有大学学历，但是有技术的求职者提供工作。该公司的联合创始人——亚历克西斯·林沃德放弃了传统的硅谷职业生涯，在旧金山湾区进行了六个月的研究。在那里，没有受过大学教育的人经常几个月都处于失业状态，有时候还会无家可归。她发现很多长期失业的人缺乏基本的技能：他们不去考虑工作有什么要求，或者在面试时不知道怎么表达自己。LearnUp创建了在线的工作指导，传授一些基本的技能，例如，在面试中如何表现、怎样使用复印件等。它正在与一些长期技工短缺的大公司建立伙伴关系。例如，它在全美350家Old Navy（老海军）商店，为大概20万名求职者提供免费的在线求职技能培训。

已经有包括思科在内的几家科技公司开始计划制造“就业指导机器”，根据年轻人的能力和兴趣爱好，为他们提供就业方面的建议，再结合线上和线下的资源，为他们提供去哪里接受教育和培训的建议。这仅仅是爆发的前奏。为什么不能专门为学术导师开发一个Tinder软件？通过这样的软件，可以向你介绍成千上万愿意辅导你的人，不论是在线的，还是面对面的。为什么不把与游戏相关的技术应用于学习？可怜的学生，特别是男孩，如果能够把学习融入游戏世界，说不定可以帮他们克服对学习的厌恶。这很值得一试。为什么大学不能像寻找体育特长生那样认真地寻找出身贫寒的聪明学生？大学经常派专人到全国各地去探寻有天赋的孩子，为什么不能像以色列那样，通过电子游戏中的间谍软件来寻访天才少年？

技术也可以被用来提高普通工人的工作效率，而不是像很多人担心的那样把他们边缘化。通用电气公司认为利用技术手段来提升工人的能力比淘汰他们更合适，通过为这些半熟练工人提供iPad和相关的应用程序，他们就可以胜任那些本来需要熟练工人的工作。另外，通用电气同时指出，为那些处于公司之外，但是能够解决问题的人提供一些奖励，可以增加那些远离正常就业渠道的人的就业机会。

数据革命

健康方面的不平等进一步加剧了社会的不平等。穷人比富人的寿命更短，生活也更加不健康。大数据可以比以往更快地帮助解决公共健康问题，这些问题在穷人世界中更加普遍。可穿戴设备可以在人们的健康出现问题之前就进行诊断，提醒健忘的病人按时服药，在病人离开医院之后继续对其进行监测。这些设备越便宜、越普及，就越能让穷人享受到与富人同样的服务。

犯罪和腐败也会加剧社会的不平等。随身摄像机可以让流氓警察更加遵守规矩，否则会让他们遭到起诉。安防设备可以有效地减少盗窃汽车犯罪案件。大型警察部门，如纽约警察局以及洛杉矶警察局的警察使用大数据来分配警察到经常发生犯罪的区域。腐败是新兴国家（以及一些发达国家）的主要问题之一。技术可以让腐败问题曝光。受害者可以对腐败官员进行录音、录像。举报人可以像巴拿马文件那样揭露幕后交易。在一个充满摄像头和大数据的世界里，“要想人不知，除非己莫为”这句话显得无比正确。

重要的一点是我们不能太迷恋技术创新。熊彼特在某种程度上是正确的，创新将不可避免地惠及大众，但是普及的速度在很大程度上依赖于公共政策。有些国家，如瑞典和新加坡，高速网络的普及程度比其他国家高得多。一些技术创新的举措，例如，孟加拉国为微型企业服务的格莱珉银行项目已经获得了不错的回报。另外一些项目，像尼古拉斯·尼葛洛庞帝的“每个孩子一台笔记本”项目已经折戟。技术进步本身是无法解决不平等日益加剧的问题的：富人能够更快地采用新技术，更好地利用新技术来提升自己的技能，而不是仅仅用于娱乐。那些有问题的社区并不会仅仅因为连接到了互联网而变好。当我提出给孩子们发放iPad，以便让他们可以在家里继续学习时，约翰内斯堡一所贫困学校的老师睁大眼睛看着我，说学生们会把这些iPad偷走然后立刻卖掉。

如果技术能被开明的决策者加以应用，并与其他解决社会不平等问题的政策结合在一起，就将为我们提供一个强有力的工具。决策者首先需要仔细考虑两个问题：什么是平等，谁负责提供平等。

技术与政治家

很多决策者经常混淆结果平等与机会平等这两个概念。结果平等是与一个充满活力的社会不相容的：结果平等破坏了社会需要努力工作和创新的激励机制。它往往会适得其反，20世纪60年代的教育均等革命最终以社会的进一步分化收尾。但是机会平等是一个富有活力社会的真谛所在，确保人们可以根据他们的社会贡献获得相应的奖励、根据他们的成绩得到相应的提拔。

很多决策者的思维还被固化在大政府时代。自从 20 世纪 60 年代以来，很多大政府都是失败的，因为多样化的社会需要多样化的解决方法。决策者需要团结一切可以团结的力量——中央政府和地方政府，公共部门和非政府组织、私营部门，亿万富翁和政府部长等。德勤估计，全美有 65 万家活跃的社会企业（social enterprises），英国有 62000 家，整个欧盟有 40 万到 230 万家。各国政府也需要尽可能多地让单个市民参与到决策中来。每个人的口袋里面都有一台计算设备，与把所有计算资源都集中在少数政府部门相比，这将会是一个完全不同的世界。

智能手机革命将让决策者能够充分利用群众的智慧来解决不平等问题。波士顿有一个手机应用程序，可以让人们随时把看到的坑洼路面或者涂鸦拍下来，发给市议会，该应用程序能自动记录GPS位置。同样的程序也可以应用于那些没有解决破旧建筑或者存在违纪情况的学校，这两个问题严重影响到学生的积极性。美国国防部高级研究计划局采用众包的方式来改进军事设备的设计，也许同样的方法也可以用来提高教科书和教学设备的设计。非营利组织Code for America的创始人珍妮弗·帕赫尔卡表示，改善政府工作最好的办法是，不要让政府像一家私人公司一样运作，而应该更像互联网一样毫无界限、开放自由、生产力极高。

在她这个清单里面也许还可以添加上“可扩展”。现代技术最伟大的优点之一就是，允许你先进行尝试，然后再把成功的方案以极快的速度进行推广，LinkedIn的创始人里德·霍夫曼称之为“闪电扩张”。2004年，当萨尔曼·可汗在YouTube上发布他的视频时，他只是想帮助亲戚、朋友辅导功课。他家里之外的人很快也开始看这些视频，包括比尔·盖茨，他也支持可汗并对其进行了奖励。现在可汗学院的视频已经被观看超过了4.5亿次。这些视频还包含了10万道练习题，这些练习题已经被别人完成了20亿次。

纯粹主义者已经开始讨论技术带来的社会影响：技术乌托邦主义者认为，技术创新能够自动为所有人带来福利；而技术悲观主义者认为，技术将把社会彻底分裂为敌对阵营；自由市场支持者认为，对技术的任何干扰都将产生不利影响；中央集权主义者认为政府必须拥有巨大的权力。

当然关于上面的争论还有第三条路线。我们需要庆幸技术给我们带来了力量，但也要认识到它将让一些人成为受害者。我们可以进行一些市场干预，但也要牢记政府的作用是有限的。技术为我们提供了解决日益增长的不平等问题的力量，但我们是否能驾驭这种力量，不仅取决于技术人员的聪明，还取决于政治家的智慧。

第 17 章　工作岗位和机器的崛起[①]

技术引发了一系列关于未来工作的思考，有一点十分明确：企业取得成功的关键是具有适应能力。

在世界各地，不同年龄段的工人都感到恐慌、困惑，有时会害怕机器给他们的工作带来影响，特别是对其工作岗位造成的威胁。这些工人并不是个例，有些政府部门的公务员都开始担心自己的工作，除了日常工作外，还有哪些工作会“空心化”？机器是会减少，还是会增加工作岗位？影响是会马上就到来，还是会在未来几十年慢慢显现？被自动化吞噬的岗位会有新的替代者吗？如果有，这些新工作又有什么特点呢？

机器的进步让人瞠目结舌：自动驾驶汽车、谷歌的阿尔法狗打败了世界上最好的围棋选手、使用算法对求职者进行评

---

① 本章作者琳达·格拉顿是伦敦商学院管理实践学教授，出版过关于转变中的世界对工作的影响方面的著作：《转变：未来工作在哪里》《钥匙：大公司如何打开通向光明未来的大门》，最近出版了《百岁人生：活到老，工作到老》一书（与安德鲁·斯科特合著）。

估，或者针对公司的发展战略给出建议。机器似乎可以胜任任何人类可以做的事情。

过去 7 年，在我们主持FoW（未来工作研究协会）期间，我看到了各种机器对工作带来的影响。FoW 聚集了来自全球不同行业超过 90 多家跨国公司的高管人员。通过研讨会、小组讨论以及年度调查，我们密切跟踪机器对工作的影响。要跟上人工智能、大数据、机器学习以及其他技术不断发展的步伐是很有挑战性的。随着这些技术的兴起，各种对这些技术发展及其对工作和社会的影响的解读纷纷涌现。这意味着目前不可能准确地预测每种技术在未来几十年带来的影响，但是我认为有一些问题已经到了必须面对的时候。

机器能否解放我们的大脑

正在重塑工作的机器并不是与个人和社会无关、独自出现的中性工具。相反，它们的设计和使用，正好反映了我们如何选择工作，以及它们自身对工作和社会的影响。在机器的发展过程中，很清晰地可以看到它们的设计和使用都是旨在节省我们宝贵的时间。在 20 世纪六七十年代，各种家用电器（洗衣机、烘干机、吸尘器等）的出现把家庭妇女从家务劳动中解放出来，让她们可以加入社会工作。最近在智能手机中使用的各种技术，也是为了让大家的沟通更加方便、工作更有效率，让我们能更好地管理自己的生活。这些技术的出现能够让我们把时间投入到那些更有价值、更需要人类特有技能（如创造力、好奇心、创新等）的事情上。毫无疑问，机器确实提高了人们的工作效率：分析师可以用软件来扫描数据，而不需要手工去查找；GPS可以让供应链中的工作人员跟踪库存，比以前更准确，效率更高。

不过这里也存在一个悖论。确实有很多机器为我们节省了时间，但是这些技术同样占据了我们进行深度思考和创造的空间，这对人类毫无益处。无处不在的技术，特别是即时消息和通知的出现，带来了严重的技术过剩问题。人们不断地被各种信息打扰，分散了注意力，浪费了认知资源。所以我们的大脑比以往任何时候都忙碌，被各类真假难辨的消息、谣言等所谓的信息淹没了，而不能平静地思考一些有创新价值的事物。有相关的报告对我们每天的生活习惯进行研究指出，平均每人每天查看手机超过 150 次，平均每 10.5 分钟会被即时消息、微博以及其他通知打断，每次被打断之后，平均需要 23 分钟才能把注意力重新集中到工作上。

所以问题来了：未来每天真的会有 300 封电子邮件吗？唯一的出路是不是制造更聪明的机器？显然，关于未来技术和工作的一大挑战是，寻找有效的办法减少我们工作环境中的各种“噪声”，为人类最有价值的特质提供时间和空间，如创造力、判断力以及决策力。

机器能否决定一切

人类与其他生物的一个重要区别是能够做出复杂的决策。随着机器变得越来越复杂，人类这种独一无二的决策技能是否正受到越来越大的冲击？有确切的证据表明，在某些情况下，机器能够比人类做出更好的决策。例如，在员工流动和工作表现评估方面，程序能够比管理者预测得更为准确。有一项研究对候选人进行了 17 项评估，结果表明在挑选候选人方面，程序比人类的表现要好 25%。我们是不是可以期待算法在决策和管理方面有更好的表现呢？

我们是否要开始准备迎接一个预测分析驱动工作的未来？这是 2014 年达沃斯世界经济论坛会议上探讨的一个问题。在这个会议上，我主持了一个关于“计算机能否比人类更好地做决策”的辩论。从辩论中可以清晰地看到，回答这个问题需要人们对未来人类将如何与机器共同工作有深刻的理解。例如，能否说服工人充分信任人工智能，并且冒着道德上的风险让机器替代他们来进行决策？计算机能否复制价值观和情感？

研究表明，很多工人和组织都不愿意把最后的决策权交给机器。无论是诊断病人，还是预测政治事件，相对于算法，人们还是一如既往地喜欢人为的判断。正如神经科学研究显示的那样，部分原因是，很多时候人们在做决定时感性多于理性。似乎大部分人都是依靠经验和本能来做决定的，这是前额叶皮质过去 200 万年来进化的结果。人类的这个特点很难被理解或者复制，所以不能编码到计算机里面。简单来说，关于机器能否从工具演变为决策者，现实比简单的预测要复杂得多，但是这也恰好凸显了人类的这种复杂的判断和决策能力的重要性和价值。

机器能否让权力扁平化

大量涌现的廉价机器，让通信、社交网络、众包等更加方便，也为分散在全球各地的人们快速搭建网络创造了机会。这些个人和团体能够跨越国界互相沟通、快速共享信息、吸引新成员、发动看似没有领导的行动。这种不断增加的点对点的连接会不会让权力从垂直层级结构变成水平网络结构？将来的机构会不会更像一个没有阶级的“平民社会”：不是依靠领导的权力和命令，而是通过平等的权力分配来运作。当技术让大家获得更多关于自己、他人以及世界的信息时，管理者这样的角色还会有用吗？领导阶层是不是会消失呢？

有趣的是，技术的这种潜在的扁平效应并没有实现，消除等级权力结构相关的实验并不是很顺利。看来把组织中的权力结构从垂直向水平迁移还是很困难的：垂直层级与权力似乎有很强的韧性。我们可以看看一个相关指标，自从 1983 年以来，美国雇用的经理人数几乎翻了一番。部分平权结构失败的原因在于，对于绝大部分的人来说，层级结构中的地位和形象对于他们来说十分重要，并且影响到他们如何决策、如何对待他人甚至他们整体的身心健康。机器也许能够带来扁平化，但是人们似乎更喜欢保持目前的这种层级机构。

这些问题很重要，说明我们需要仔细评估机器给工作带来的影响。但是，如果就此下结论说未来机器只会给工作带来很有限的影响，那就太天真了。当人工智能在数据分析、决策等方面变得更加复杂时，当机器人能够胜任日常工作时，当机器学习为专业能力最好、技术最好的工人的工作带来革命时，所有的岗位、人才和专业都将岌岌可危。虽然我们无法准确地预测未来会怎么样，但有一点我们是可以肯定的：适应能力将是一个成功企业的决定性因素。这个适应过程一直都是FoW研究的核心。我们认为领导者应该对其工作模式进行以下四个方面的改变：

- 修补被破坏的职业阶梯。自动化让很多中等技能的工作岗位消失了，破坏了一直以来的职业阶梯。随着中等技能工作的缺失，初级岗位的从业者必须拼命找到一步到顶的通道。这种趋势似乎还在继续，虽然很难确定接下去是哪一个阶层的工作被破坏，但可以肯定的是，以后的工作阶梯不再是从下到上的线性路径。重新定义组织中的晋升路径对于应对这个挑战至关重要。意识到这些中等工作岗位不太可能再出现，意味着我们必须采取更加灵活的职业发展方式，人们可能需要进行横向发展，甚至离开企业过段时间再回来。在短期内，人才管理职能最重要的角色是辅导和指引人们度过这个转型阶段，帮助人们发现有价值的技能和职业发展机会。

• 打造人才生态系统。自由职业平台的日益壮大和小型网上创业成本的降低，为有才华的人创造了无数的工作机会。例如，2014 年的研究显示，美国有 5300 万人从事自由职业。这支自由职业大军会随着下一代劳动力的加入不断扩大。那些只关注全职员工的公司将会错失一些很有天赋的人才，特别是对于那些知识丰富型的企业来说尤其如此，因为它们主要的产品是创意和点子。确定在哪里以及如何找到合适的人才将至关重要，这需要对传统的招聘流程进行根本改变。企业必须加深了解哪些人是它们需要的，以及怎样激发他们的动力。企业还需对其人才生态系统以及建立超越传统雇主—员工的雇佣关系有更深刻的理解。

• 这意味着我们应该把雇佣关系重新定位为一种长期的联盟关系。有能力的人会使用技术平台为自己创造价值。开始他们可能在一家公司工作，然后会离开公司自己创业，过段时间也许会成为原来公司的客户或者重新回到公司工作。所以，重点是建立一种比正式雇佣关系更长期的关系。在这种“联盟模式”中，员工和雇主都想为彼此创造价值，虽然他们的关系不是很稳定、忠诚度不太高、没有长期的培训投入。对于员工来说，他们看重的是公司的适应性和价值。对于企业来说，他们需要的是员工的能力和发展。

• 鼓励终身学习。技术浪潮的破坏性将摧毁社会的整个工作结构，让某些工作技能毫无用处。因此，传统的那种前期教育加后期技能培训的模式将无法满足人们的需求。取代它的将是终身学习，这个需要公司加以支持，可以进行培训，也可以通过假期或者弹性工作时间让员工能够提高自己的生产力。毫无疑问，在线教育及其能力本位培训将扮演重要的角色。随着教学技术的进步，可以通过精准的培训课程来满足不同人的需求，这种课程的成本很低甚至免费。因此，相对于长期的标准化的学历教育，这种模块化的方法能构建个性化的学习路径。从企业的角度看，这能够让企业对员工的偏好、参与度、学习风格和积极性有更好的了解。

• 与机器合作。关于机器将给工作带来的破坏性我们已经写了很多，但是对于很多员工来说，机器也能为其工作带来好处。对于他们而言，机器将成为他们工作中的伙伴。这在未来将改变我们的一些看法，从管理失业问题到如何提高和支持员工的日常工作。问题是：工人和他们的机器人同事一起合作将取得怎样伟大的成就呢？工人可以在哪些方面与机器合作完成哪些以前他们无法单独完成的任务？在机器的帮助下会创造哪些新工作呢？

这些新增加的工作模型需要企业重新构想对传统工作的描述，以及创造性地思考如何利用创新方法来提高工作效率，如何平衡人类与机器的关系。

毫无疑问，技术与工作的结合将带来更深层次的问题。在机器智能兴起的过程中，人类工作的价值何在？我们创造各种技术的目的是什么？我们想让机器替我们做决定吗？我们将如何与其他人一起生活和工作？

这些都不仅仅是生产力或者利润问题，更是社会、道德以及价值观问题。托马斯·莫尔曾经描写了一个想象中的岛屿社会——乌托邦，囊括了居民的婚嫁习俗、生老病死、生活方式等。他提供了一个比技术决定论更丰富、更有趣的视角。也许乌托邦之后 500 余年的今天，是时候重新更加全面地构想我们的未来了，而不仅仅是把技术发展作为主框架。

第 18 章　短篇故事：探视时间[①]

2050 年，技术给人类带来了身心方面的各种问题。

卡西·艾丁格总是喜欢各种攀登，小时候就开始爬树，然后开始攀爬大石头和室内训练岩壁。当她十几岁的时候，就已经和年龄是她两倍的人一起出去攀岩了。她 20 多岁的时候，在学校里攻读建筑工程学位，每个周末都花在攀岩上。每个夏天，她都会比前一年走得更远，参加各种登山队，在大众洲际旅行的最后一个黄金期“穷游”了全世界。当她采用新的路线攀登上 Rohliahla 和 Bimbaluna 山之后，各种荣誉开始接踵而至。赞助商给她提供衣服和设备，她也出现在攀岩杂志上和极限运动纪录片里，但随之而来的是一次意外事故。

当漫长的康复结束之后，她开始了人生的第二个阶段，以前建筑一直是排在登山之后的。她开始恐高，这在意外事故之

① 本章作者阿拉斯泰尔·雷诺兹是英国科幻小说作家，著有《波塞冬的孩子们》、系列小说《启示空间》等。

前可是从未出现过的，虽然她很清楚攀登存在风险，但是她相信自己有力的手掌和细长的岩钉。所以她打心底从未像别人那样把高度当回事。不过，现在完全不一样了。

她需要爬到建筑顶部，对完成的工作一一进行仔细的检查，每一道切割和焊接，每个新的门窗，还未启用的楼梯间和电梯井等，每往上爬一层，她都需要给自己一个鼓励。她不得不这样做，就像她不得不冒险偶尔向下看一眼地面。她穿的Geckoflex公司的鞋子和手套能够紧紧地抓住合金脚架。卡西还佩戴了Geckoflex公司的护膝，能够在她需要用力的时候给予支撑。Geckoflex公司对她很好，为她提供了很多赞助，但是大部分时间，她都避免使用膝盖。

New Ofir Framestack是在葡萄牙北部Ofir郊区的一个多用途建筑项目，一半是居民住宅，一半是商业地产。当它逐渐建成的时候，评论员说，从远处看，就像一团五彩斑斓的涂鸦悬挂在空中，一个由密集的管子互相交叉连接在一起的网格，或者一堆大号的金属缝衣针。

不过他们都遗漏了重要的一点，也可能是他们特意遗漏的，New Ofir Framestack的各种框架并不是随机的，设计也不是杂乱无章的。无论是在设计构想，还是在工程实施方面，卡西都费尽心思，每个角度、每个坡度都至关重要。毕竟人们需要在里面居住和工作，不能让他们感到不舒服。这些建筑必须从各个角度看，它在各种光照条件下都很完美，不管是外面，还是里面。阳光从缝隙里面照射进来，为花园和垂直农场提供照明。空气流通自如。雨水可以沿着窗沿流走，不会积留在犄角旮旯里。New Ofir Framestack项目还需要能够抵抗上百年的大西洋飓风而完好无损。

虽然恐高症总是困扰着她，不过爬到屋顶还是勉强可以。她昂首站立，双手撑在腰上，有那么一瞬间，她甚至觉得自己都无法呼吸。她的脚下是来自退役的卡塔尔航空公司波音梦幻客机的脊背部分，两侧还隐约可以看到前任主人的痕迹。梦幻客机很不错，卡西也挺喜欢它，她马上就要安装另外一块机身。

她一边往上攀登，一边看着外面的运货飞艇，她在想哪一艘是她的。这些飞艇在海岸边的OTEC气站加满氢气，然后再填满燃料。最近到处都是飞艇，它们的速度比较慢，并且很容易受天气影响。如果你的项目很复杂、工期很紧张，很快你就会天天对着远处的飞艇望眼欲穿。

卡西把手搭在额头上，挡住阳光。飞艇的管式引擎使用复杂的姿态控制算法，盘旋着把飞艇挪进来。从货物吊舱吊下来的是一块“新”来的机身，已经被裁剪成一根管状，只有在根部露出曾经安装过机翼的地方。当然，这块机身已经谈不上有多新了。25年的商业航空服役，接着是航空业的低迷期，然后又是目前还没见底的衰退。这对她来说却是新的，现在这个已经不再是一架完整的客机了，仅仅是一个飞机壳子，大部分的线路以及座椅、地板、行李舱都被去除了。“返璞归真”成金属壳之后，机身的强度和里面的空间都大得惊人。

卡西招手引导着飞艇再进来一些。机身已经提前做好了准备，底座已经焊接在需要对接的现有模块上。飞艇开始慢慢地转动以便让机身对准方向。卡西摇了摇手指，绞盘开始把机身往下放，放到离底座几米的地方。整个机身悬浮在她的头顶，庞大而笨重，几分钟之前它还是显得那么轻盈如云。

调整了一下自己的平衡，卡西同步控制着她的施工机器人。这个机器人是一台巨大的橙色怪兽，有点像塔式起重机或者达利笔下的长颈鹿，脖子高高地从模块上升起来。机器人用牵引绳把飞机连起来，让飞艇慢慢地释放。卡西继续与机器人保持同步，她走到底座旁边。机身缓缓地降下来，在风中轻轻晃动，绞绳嘶嘶作响，把机身安装到底座上总是最棘手的。

卡西眼睛右前方出现了一张虚拟的面孔。

“来电显示”伴随着文字显示“马丁 · 阿巴特医生”。

“真不是时候。”卡西对自己咕嘟着说。

阿巴特医生是一个很固执的人，她很难躲开他。卡西并不是不喜欢他，只是因为他总是催促她做一些她总想逃避的事情。他不是一个坏人，只是有时候他有点……

她忍住心中的烦恼，接通了电话。最好是现在就打发他走，免得他在这一周总是来烦她。

“马丁，我现在很忙，恐怕只能长话短说。”

“好的，卡西。最近总是很难找到你啊。我猜你的工作都还顺利吧？”

“一切都很好。”

“那就好。我很高兴看到你这样全身心地投入到这份工作中。这样对你也有好处。”

机身的影子越来越接近她。“我说了长话短说，马丁。请原谅我的不礼貌，但是……”

“好的，卡西，我明白。但我觉得你还是应该从工作中挤出一点时间到诊所来一趟，得尽快。最近有了一些进展，很显著的进展，能够提高护理水平。我想你应该很感兴趣……”

“我不想再去看她。”卡西说，“现在不想，以后也不想。”

“你还是再考虑一下吧！”阿巴特医生用温柔的语气说，“越早越好。”

绞盘绳索在这个时候断裂的概率是百万分之一，但这只不过是别人口中的概率，这种不幸却恰恰发生在她身上。绳索突然断了。起重机往回弯曲，飞艇往下倾斜。同时梦幻客机尾部急剧地跌落，就像一把铡刀一样砸落下来。卡西快速冷静地分析了一下自己的困境，客机的坠落基本无法避免了。看着它掉下来，她还是有些害怕，举起一只手挡住脸。

老话说得对，本性难移。

马丁·阿巴特医生总是弯着腰，长有黑斑的脸总是那么和善，有些秃顶的头上只剩下稀稀疏疏的白发，一副眼镜总是在他前额的固定位置，她从没见他移动过，每次他都透过眼镜对她进行检查。自从上次事故之后，她就认识了马丁医生，他看上去比刚认识的时候老了很多。

“很高兴你最终同意过来。”他对卡西说，“虽然你拖的时间比我预想的要长一些。”

“我得把葡萄牙的工作先忙完了。”她说，“我们已经在封顶上拖延了一些时间，我不想让客户再抓住小辫子。”

“最后一切还好吧？”

这让她想起了那架梦幻客机弯曲的机身、不得不重新启动的采购流程、再次竞标另外一个机身，以及翘首等待另外一架飞艇把它运过来。“这一切我们都已经习以为常了。”她回答说。

“我看得出来你很喜欢这个工作。”

“虽然有些你预想不到的麻烦，”她承认，“但当这些旧飞机重新投入使用时，这一切都是值得的。突然间让大家认识到原来这些飞机还是有一些利用价值的。”

阿巴特医生脸上带着怀旧的笑容说道：“看来我没什么好担心的，我想你适应得很好。”

“最好是这样。言归正传，我还有很多事情要做……”

他把她带到那个曾经让她很害怕的房间门口。说：“进去吧，卡西。她还在原来的地方。”

她站在门口有点徘徊，鼻子里面的传感器告诉她有消毒剂和强力清洁剂的味道，塑料眼睛里面的光子计数矩阵告诉她阳光从半遮挡的百叶窗射进来，把整齐的条纹投影到墙上、呼吸机机架上、干净的床单上，以及床上那个不能动弹的、眼睛盯着天花板的女人身上。

“出了什么问题吗？”卡西问。

“不应该说是问题，我认为是一个机会。”阿巴特医生陪她走到那个不能动弹、卧床不起的女人旁边。“10 年以来，运动神经假体领域已经走了很长的路。当我们为你植入颅下矩阵时，需要进行复杂的、侵入性的显微外科手术。但风险还是值得的，我们可以打开一条通往你意识的通道。我们能够问你问题，测定你的意识的等级，能够让你回忆起过去的事情，能够知道你是否感到疼痛。得知你并不痛苦，对你的亲人来说也是一个安慰。”

她想起了意识恢复的那个灰色过程，就像是回溯一个孩子的时间线，分分秒秒，无穷无尽，但没有天和星期的概念。逐渐地形成了整体轮廓，仿佛从混乱之海中清醒过来。时至今日，她都没有回想起那场事故和事故之前的几天。

她没有经受任何痛苦，一点都没有，至少没有身体上的痛苦。但慢慢地她知道了自己的状况，就像受了一般的创伤一样，多少还是有些不适。彻底的瘫痪，完全依赖机器以及全天候的护理，她的脊椎完全碎掉了，神经系统已无法恢复。

对于像她这样一个喜欢户外攀岩的人来说，这样躺着和死了没什么区别。

“刚开始是很让人绝望的，”阿巴特医生继续说，“但慢慢地你认识到还是有希望的。颅下矩阵也在慢慢地自我调整，开始学习你大脑的语言。双向沟通是第一步，然后是你动起来，不是你自己的身体，而是控制远程设备。开始是一支机器臂，你可以控制它给自己喂饭，然后是一个完整的、全浸入式的机器人。一二十年前，那可能还是很昂贵的，但现在人们负担得起了。这对于远程呈现公司来说是好事，但对于航空公司来说就不那么好了。我至今仍然记得你走出这个房间的情景。”他的笑容有点僵硬：“但那不是真实的你，你只是控制了一台能走路、会说话的机器人，你的意识仍然在那具躯体里，仍然躺在那张床上。”

“这样有意义吗？马丁。”

他走到床边，拿出一个半透明的平板电脑，卡西看见他用手指在上面划拨着一堆控制按钮。“我说过，以前很困难的事情现在变得很普通了。最新的颅下矩阵不需要进行任何手术，它们能够由种植在皮下的微小的种子生长，通过编程把自己嵌入到合适的位置，并与神经系统建立必要的连接，自主学习，自我组织。当数以千万的人能够家常便饭一样从一个远程躯体跳到另外一个时，会怎么样？”

“会怎么样？”

“把你的右手抬起来。”

他没有回答她的问题，只是要她把手抬起来，放在与肘齐平的位置。几乎是同时，躺在床上的躯体也把右手抬了起来。虽然抬手还有点无力，但不可思议的是，这个动作无疑是对卡西刚做的那个动作的反应。

“颅下矩阵正在检测你右半大脑回路的活动。”阿巴特医生说，“几个星期以前，我们在你的手臂上移植了一个能自我复制的肌电图网络，这样就可以绕过你自己受损的神经系统。移植的肌电图网络已经成长好了，并自我适应了。它现在已经能够对刺激做出反应了，是不是？”

卡西放下她的机械臂，看到床上的躯体也重复同样的动作，两者看起来没有什么区别，也感觉不到哪个是主人，哪个是木偶。

“你给我看这些干什么？”

“因为手臂才是刚刚开始，肌电图网络可以让全身恢复活动。你可以从床上站起来，走出这里，你能像现在用机器人身体一样，用你自己真正的身体去感受世界。”

卡西在阿巴特医生的殷切注视下有点脸红，她能感觉到他的好意。但她知道自己一直在那具躯体里面，10 年间，没有任何一个真实的部分离开过它。她是一个瘫痪的女人，一直躺在私人医疗诊所的单人间里，用金钱换来最好的护理。

“10 年前。”她说。

“什么？”

“如果你为我提供重新行走的机会……完全依赖我自己的血肉之躯，我可能会高兴得哭起来。”

她的脸上掠过一丝让人不安的冷漠：“但是现在……”

“她已经不是我。我已经不在这里了。我不能让自己再重新回到这具躯体里面。”

“你可以给自己多点时间慢慢调整和适应。”

她让自己的语气故意冷淡：“我相信我能够，但是我不想这么做。”这样说对他有点残忍，他是个好人，总是无私地只想让她最好，她背上冒出一阵冷汗。当然，实际上并没有真的出汗。她的身体是一款昂贵的、定制的神经假体机器人，由塑料、合金以及温暖、柔软的复合材料制成。有些部位比血肉之躯更好，它有毛发和毛孔，但是不会流汗。不过她的大脑会认为流汗了，因为它能够产生相应的感觉。

“我昨天又死了一次。”卡西继续说，“又是一次事故，就在你给我打电话之后。机身松开了，砸向了我。把我的机器人躯体完全摧毁，都没法修理了。在那几分钟里，我没有躯体可以使用，他们没法总是在接到通知后第一时间给你换一个新的机器人躯体，不管你计划得多好，但是在正常情况下，大部分时候不需要通知他们，他们会安排好时间定时来更换。但这次不是正常情况，我记得那时就好像又回到了我那个不能动弹的身体。”

阿巴特医生下巴一紧，“但那将不一样，走动、说话都将不一样……你将重新获得自由，自由地生活、呼吸，自由地用你的皮肤感受阳光……”

“但我可能又将受到伤害，”她回答道，仍然很冷漠，不考虑他的感受，“又会受伤，甚至死亡。”

“你没必要放弃什么东西，”他坚持着，眼睛了充满恳求，就像把礼物送给一个不愿意接受的人，“你还能像现在一样使用机器人躯体。”

“但是在过去的10年里，我已经忘记了自己的身体是由什么做的，已经忘记了血肉之躯是多么容易受伤。我也不再想记起这些。”她笑了笑，试图让自己的语调缓和些，让他知道她很感激他所做的一切，以及他想要做的一切，但是他错了。

“你应该再考虑一下这件事。”

“对不起，马丁。你是一个好人，一个很好、很善良的医生，但是我认为没必要再考虑了。”她转过身去，她有点憎恨自己的冷酷，但知道现在这样对大家都更好。“即使我的血肉之躯愿意，我也不愿意。”

后来，当项目快要完成的时候，替换的机身安放到位，她在焊接底座的一条裂缝里面找到了部分自己破烂的身体，这是一只手臂，从肘部断裂开，在清理的时候他们都没有找到它。

她一脚把它踢开，然后看着它落到地基的尘土里。

第 19 章　短篇故事：恒河水[①]

2050 年，是各种星际探险和科研活动的时代。

黎明时分，一位年轻人站在码头的石阶上，宽广的石阶一直延伸到河中散发着恶臭的腐烂垃圾里。他是一个典型的美国人，苍白的脸上有一些雀斑，穿着长长的裤子和厚厚的鞋子，在这么炎热的天气里显得有点讲究过头了。他紧紧地抓着胸前的一个可折叠的塑料冷藏箱，可以装 6 罐啤酒的那种，黑色的背带垂在一旁。他看起来有点害怕。

太阳正从恒河的尽头徐徐升起。

一群缠着腰布的赤脚老人从他身边走过，蹚入河水中，穿过漂浮着的垃圾、一大堆凋谢的花朵，还能隐约看到下面有一只动物的尸骸。老人们嘴里在不停地祈祷着，他们抬着头，兴奋地看着太阳。一个穿着黄色纱丽的优雅妇女，弯着腰往水瓶

---

① 本章作者南希·克雷斯是美国科幻小说家，曾获得过多个不同奖项（雨果奖和星云奖），著作包括《盖娅的惩罚：前尘，毁灭，新生》《昨日的亲人》。

中装满恒河中的圣水。远处，一艘葬船正从漂浮着的花朵中穿过。

那个美国人走下台阶，他就像一只北极熊一样与这个地方格格不入。他将塑料冷藏箱打开，从里面拿出了一些什么东西，然后紧紧地闭上眼睛，脸上露出痛苦的表情。

他不能这么做，这不是他应该做的。这不是他的河流，不是他的国家，也不是他的选择。他把冷藏箱重新盖好，沿着潮湿的台阶爬上去。

“桑德斯博士，欢迎您到我们这里来！”

塞斯·桑德斯往后退了一下，对着站在全球企业伙伴公司（GEP）大理石门口的一群人勉强笑了一下。一群人？可能不太正确，7个人可能算不上一群人。蒂亚可能又会说他不合群，但她又有什么时候不这样呢？

“很高兴能来这里，”塞斯有点尴尬地边说边把手伸出去：“安纳德博士，缪勒博士，这是……呃……”

“尼格尔·哈灵顿。”身穿昂贵西装的高个男人操着英国口音说，语气有点咄咄逼人。

“GEP的负责人”，安纳德博士微笑着介绍，“也是我们的老板。”塞斯听出来了她试图掩盖他的失态，但他不知道该怎么办。哈灵顿是现场唯一的非科学家，可能是资金赞助人，或者来自政府部门。塞斯说：“你好！”

“欢迎来到印度，”哈灵顿冷冷地说，“我希望我们能一起做些大事。”

大家都满怀期待地看着塞斯，这个被寄予厚望的男人。如果蒂亚和他在一起就好了，她总是知道怎么应付这种场合，总会回答得让大家满意，但她直接去酒店了。最近，她似乎不太愿意在这方面帮助他了。

大家还一直看着他。7 张面孔，7 双眼睛——蓝色、棕色、灰色——精心挑选出来的，平衡了不同的种族、性别和宗教。无人新闻机悬浮在前方，持续不断地把这个激动人心的时刻向全公司直播。

终于，塞斯说了一句：“我能去看看恒河吗？”

自从发明了减肥药之后，GEP 就已经开始成为一家大型制药公司。这种减肥药能够让负担得起的人彻底摆脱饥饿感，并且没有任何副作用，它会对肠道里面的生物组织进行基因改造，向迷走神经发送精确的信号。当这种药问世 6 个月之后，肥胖就已经从美国的中产阶级中消失了，黑市上出现了很多骗人的假药。GEP 成为这个国家第四富有的公司。这个国家已经不断分裂，有些人能够在气候变化、日益增长的骚乱以及肥胖危害中保护自己，其他人却无能为力。

是持续的骚乱让 GEP 公司大张旗鼓地组建了它的生态部门。它无法应对气候变化（显然没有人能够应对气候变化），所以选择了一个较小的目标——清理被污染的河流。然后它选中了一直在从事这方面工作的塞斯，并把他带到了不想要的聚光灯下。

塞斯研究的是基因的上位效应（epistasis），是指基因突变的作用会受到其他基因突变的影响，从而改变蛋白质的功能。有些改变是非常彻底的，甚至不太可能。大部分都需要依赖新的蛋白质折叠方法。通过多年耐心的工作，塞斯在他选择的不同细菌菌株的多个突变中发现了八种上位相互依赖（epistatic co-dependencies）关系。然后，他又花了几年时间，始终坚持自己的目标，一个人孤军作战，对细菌进行调整。

最后他成功了。

他那些基因改造过之后的细菌把印度尼西亚一条小河里面从纺织厂排出来的毒素都消灭掉了。更加简单的基因改造已经用来处理排入河中的污水，但对于工业废弃物还是无能为力。塞斯兴奋地不断测试他的细菌，天气太热，他只能在清晨和黄昏工作。现在细菌已经能清除水中98%的毒素了。

他不知道，也不曾去想象将会发生什么。他曾想在期刊上发表文章，获得同行的尊重。事与愿违，他成了媒体的宠儿。机器人摄像机一直跟着他，记者总是团团包围着他，贫困地区绝望的人们总是给他写满纸心酸的信件，告诉他污染的河流造成了他们孩子的死亡，请求他帮帮他们。塞斯不喜欢这一切。他逃到GEP公司，接受公司的邀请进一步优化他那些用来消除毒素的细菌。技术的专利归塞斯所有，将在最先进的波士顿实验室工作，他甚至都没有认真地把合同看一遍。

他们把他“租借”给印度，在合同里面，GEP 有这样的权利，这样做能给公司带来极好的社会声誉。

迎接人群中的一位妇女带着两名保镖，领着他向恒河走去。塞斯忘记了这位妇女的名字，她 50 来岁，看起来像一位祖母，这让她应该更容易交流，不过塞斯什么都不想说，他就这样跟在她后面。河边显然不是很远，这样可以更方便地测试。

“GEP 正在建一条直通河边石阶的走廊，”她说，“但还没有建好。顺便说一下，我是萨薇·帕斯，来自德里大学。我想您可能不记得了。”

“对不起，我……”

她向他调皮地笑了笑：“没关系，桑德斯博士。刚才一下给您介绍太多人了。”

“是的！”

“您可能不太喜欢刚才那种情景，不过我们现在马上就可以不间断地工作了。我是您实验室的搭档，高级遗传学家。这么热的天气，您还适应吗？”

“还好。哦，不，我们能停一下吗？”

“当然，”她递给他一个水瓶，“到那边阴凉处的墙根坐坐吧。以前天气从来没有这么糟糕，您知道这都是全球变暖的后果。”

事实上，他并不是很清楚。到印度之前，他一直在有空调的实验室工作，他感觉自己有点像个傻瓜。不过她无所谓地冲着他笑了笑。

“你的英语真好。”他说，希望这次没有说错话。

“我是从牛津大学毕业的，并在那里做博士后。”

他们在一个小广场停了下来，也许就是一个类似广场的地方，一排排房子和市场摊位。塞斯试图分辨出夹杂在一起的各种颜色、声音和气味。寺庙、猴子、穿纱丽的女人、缠着腰布的男人、摩托车、狗、监控摄像头、乞丐、一群唱着悼歌的男人抬着一具尸体向河边走去、水果、油炸食物，是的，还有一头在街头游荡的牛。

一切都看起来那么令人着迷，但这一切都与他无关，大家都无视他的存在，他就像一个纯粹的旁观者。

在那一刻，手中温暖的水瓶和包裹着他的热浪，让他的心都热了起来。童年明尼苏达的寒冬、坚硬的钢铁森林、沉默严厉的父母都在眼前晃过，塞斯感觉自己爱上了印度。

塞斯是在一个聚会上碰见蒂亚的，当时GEP公司的所有人都参加了。他拿了一杯红酒站在角落里，不过并不打算喝。他一言不发，不停地看手表，想着尽快回实验室。半个小时过去了，时间差不多了，他朝门口走去，不小心撞到一个女人身上，酒洒在了她的衣服上，两人顿时站在那里都有点不知所措。

“对不起……我不是故意的……我付钱给你去干洗衣服吧！”

他的呼吸更加急促，怪自己为什么会这样不小心。等会儿他就得拿着这件用树叶做的衣服去清洗。是的，是真树叶，不过做了一些特殊处理：稍微有点沙沙响的声音，散发出松针一样的香味，颜色巧妙地从金色过渡到橙色和粉色，但被他的酒泼到的那些叶子都耷拉下去了，并且变成了棕色，就像干枯了的叶子。

衣服的主人面对着他，有点生气，塞斯快要窒息了。怎么能有这么漂亮的女人？小巧的身材、黑黑的头发、绿色的眼睛、毫无瑕疵的皮肤散发着抛光后橡木的光彩。她问：“干洗？”

“或者……我不清楚该怎么洗……”

她脸上的怒意变成了开心：“看来你就是塞斯·桑德斯，GEP新来的天才小子。我听说过很多有关你的事。”

“我……”他不知道自己该说什么。他是个笨蛋，他应该待在实验室的，他不属于这种地方，特别是在这个美女面前。

旁边有人救了他。“这是蒂亚，桑德斯博士。”有人对他说：“蒂亚·苏西，著名的科技时装（technofashion）设计师，你不认识吗？”

事实上，他并不认识。当他还在混乱和尴尬中时，她伸出手来握住了他悬在旁边的手。

“你好，塞斯。很高兴认识你。”

坎普拉亚捷茂社区有一些制革厂，萨薇说：“这里经常会有威胁，有时比威胁更糟糕，会爆发冲突。世事艰难的时候，人们总想找一些替罪羊。”

塞斯研究着恒河，没有听见她在说什么。开放式的排水渠直接把制革废弃物带入恒河。水因富含铬酸盐呈蓝色。通过一扇打开的门，他看到一个院子里，水牛皮被拉伸后放在太阳底下晾晒，一个男孩脱掉了衣服站在一口蓝色的大缸后面，里面还有几只大鹅和山羊的尸体，以及成群的苍蝇。空气里弥漫着腐烂尸体和蓄电池酸液的味道。

“这里 30 年前就这样了。”萨薇说，“三价铬加工方法处理的皮革比老的植物鞣剂处理的更柔软。很多三价铬氧化后转变成了六价铬。政府曾经计划在这里建设一座污水治理厂，但是北方邦比印度其他地方更加腐败，所以什么都没有建成。所有一切在这里都失败了，国家清理计划、法律诉讼、公关计划、行政罚款、违规检测传感器等。坎普拉有 406 家注册的制革厂，还有很多属于非法经营，排放标准很难执行。这里的铬污染比法定标准高 80 倍。”

“80？”

“是的，恒河都在哭泣。”

塞斯看着她：“看来你真的很关心这些。”

她沉默了很长一段时间，他以为自己又说错了什么，他总是很容易自责。最后她终于开口了：“是的，很关心。对于这些正在摧毁印度的事，我毫无办法。沿海海水倒灌、农作物歉收、炎热致死……但是也许我，能和你，在污染方面做些改变。其他人也许可以在全球变暖方面做些事情。”

塞斯皱了皱眉：“你是说谁？做什么？任何单个政府的努力都已经失败了。”包括治理腐败、限制化石燃料的使用、在地球工程上怯弱的态度以及各种懒惰。

萨薇没有回答他。“我们回实验室去工作吧。”

蒂亚对于聚光灯已经习以为常了，并且还能告诉他怎么来摆脱这些，让他能够在无人摄像机、“全息记者”、死亡威胁或者有关“神秘科学发现”的怪谈包围中偷得浮生半日闲。她带他去了很多美丽的地方，这些地方没人关心微生物或时装：阿尔卑斯山下的小木屋、怀俄明的牧场、尼泊尔的山巅。蒂亚把这些从 21 世纪中期一度消失的地方当成消遣，但塞斯把它们视为氧气一样不可或缺。“你很快就会适应这种被人关注的生活的。”蒂亚说，但他从来没有。在旅行间隙，他总是逃回实验室，睡在GEP办公室的一张小床上。

“我对你的工作感到很骄傲，”蒂亚说。

停了一会儿，她又接着说：“但你在工作上投入太多了，塞斯。”

“你的工作把你的真实生活都填满了，不是吗？包括我。”

“我的工作就是我的真实生活。”他辩解说，很快他就知道自己说错了话，但他不知道错在哪里。她漂亮的脸上蒙上了一层冰霜，她的声音尖利得能切碎钻石。

“是的。”她咆哮着，“对于你来说，工作就是一切，我只不过是你厌倦了的一个梦。”

他刚开口却不知道怎么继续说下去。他不知道该说些什么，他的思路就像朊病毒一样折叠起来了。他只能眼睁睁地看着她转身走开，黑色的头发披在她的肩上，她自己设计的云裳衣显得僵硬无比。

她最后还是跟他一起来印度了，不过有自己的条件。

“我以前去过坎普拉，”她猛吸了两口空气，“我不喜欢那个地方，拥挤、肮脏、贫穷。但我的妹妹阿纳尼娅住在国际社区，我将住到她那里去。”她也真的这样做了，住在一座装有空调、被鲜花覆盖的智能别墅里，有漂亮的饭店和商店，有武装保安维持秩序。随着塞斯与萨薇及其他同事在一起工作的时间越来越长，他与蒂亚见面的时间也越来越少。

有时候，他会想她是否也注意到了这个问题。

经过几周的基因编辑、扩增、测试，不断地重复再重复；再经过几周的基因刺激对蛋白质进行折叠，让这些蛋白质性质发生部分改变；又在热气腾腾的河边和装有空调的实验室里面，经历了无数个殚精竭虑、通宵达旦进行计算分析的夜晚。

然后，突然他和萨薇找到了他们梦寐以求的东西，能够清除一大桶河水里面铬酸盐的微生物。

“这水我都能直接喝了！”塞斯兴奋地说。

“别喝。”她笑着回答。

“我要……我先离开一会儿，几个小时后再回来！”

他在蒂亚租住的工作室里面找到了她，周边都是各种布料、3D打印机以及一些他不认识的机器。她正俯身在工作台上，用激光切割着皮革。“蒂亚，我们成功了！”

她把护目镜推到头顶上。“什么成功了？”

“基因改造！我们找到了！”

“太棒了，恭喜你。”她又重新开始切割，没有把护目镜戴回去。

塞斯愣住了。“这不是水牛皮。”

“不是，这是小牛皮，超级柔软。我准备……”

“你在哪里弄到这个的？”

蒂亚直起身来。他从她的眼睛里看到了即将到来的一切，奇怪的是她好像很期待。“这皮革是本地的。”

他一下爆发了，都没法停下来，也不管自己是不是语无伦次：“你不知道杀牛在这里是犯法的吗？用铬酸盐鞣制皮革还会污染河流。”

“你难道支持环境污染吗？你，还是美国人吗？你一个人的碳排放就……”

“蒂亚，含铬酸盐的河水最终会用来灌溉，进入蔬菜、牛奶、母乳……"

"你是在教育我吗？你甚至都不知道自己要什么！你把印度完全理想化了，你已经迷失了自己！"

"你更糟糕，你在自己的国家投机倒把。"他立即又后悔自己所说的。也许她并不知道"投机倒把"是什么意思。

但她明显知道。她美丽的嘴唇紧紧地抿在一起，仿佛都快要消失了。当它们重新张开时，她说："一切都结束了，塞斯，我们的婚姻结束了！"

他的脑海里仿佛有一座金色的寺庙坍塌了，虽然他一辈子都没有踏进过一座寺庙。

当蒂亚飞回波士顿的时候，他没有告诉任何人，包括萨薇。距离给尼格尔·哈灵顿提交正式的报告还需要进行几个星期的测试。细菌可能会在任何时候发生突变，也许是第二代、第三代，或者是第26代，关键的蛋白质折叠也可能会发生改变。在不同的温度下、不同的铬酸盐浓度下、不同比例的河水中，基因改造可能会有不同的反应。

当萨薇回家陪她的丈夫、女儿和外孙的时候，塞斯就睡在办公室的小床上，萨薇从没有说什么。

气温没有任何减弱，沿海淹水依旧，全球几百万人流离失所。二氧化碳继续增加，热带病已经向温带地区蔓延。又一个气候峰会以失败落幕。到处都是骚乱、政变、选举，包括美国。塞斯完全忽视了这些新闻，直到有一个晚上，枪声在耳边响起。

士兵急匆匆地赶到GEP实验室内外的各个防御点，但是最终虚惊一场，目标不是他们。

“死了217人，”萨薇第二天早上说，“都在亚捷茂。”

“什么原因？”塞斯问。

她开始第一次不耐烦地看着他：“我以前告诉过你。在世道不好的时候，人们总是会寻找替罪羊。这些攻击……都是针对皮革厂的。不同的宗教教徒之间、民族主义者与全球主义者之间、腐败分子与改革派之间、当权者与那些想获得权力的人之间……已经酝酿战争几十年了，气候灾难只不过是一根导火索。别再这么天真了，塞斯！”

“你是说对于这一切，我们都无能为力吗？包括冲突，包括全球变暖，包括所有一切。”

“我是说政府瘫痪了，但是……”她没有继续说下去。

“请告诉我。你总是对我遮遮掩掩一些事情。”

她只说了一句：“我们必须去工作了。”

四天之后，GEP终止了他们的项目。

“桑德斯博士，我很抱歉。”来自哈灵顿办公室的代表说，这次倒没有派一个庞大的代表团来，“人力资源部将会联系你，安排您的离职。现在，保安将会护送你离开，你可以把私人物品装在这个盒子里面。”

“为什么？”

“GEP认为他们可以通过其他项目来更好地达到其生态部门的环保目标。”

“不是这样的。我们都已经快要成功了！”

“对不起。”

萨薇从实验室走了出来，捧着她自己的盒子：“塞斯，走吧。”

“但是……”

“走吧。”

她把他带到一间充满姜黄味和莳萝味的咖啡馆。他对茶没有半点儿兴趣。萨薇说：“听我说，这里将会有更多的暴乱。有谣言称有人正在计划向恒河里面‘排放更多的毒素’。GEP需要向政府支付的贿赂太高了，环保部长已经被替换掉了。”

“这些和科学有什么关系呢？”

“喝点茶吧。”

“我不想喝什么该死的茶！”紧接着他又道歉说，“对不起。”在阴暗的咖啡馆里，萨薇的眼睛就像两泓幽深的潭水。

他强忍着眼泪说：“只是我们……我想……一切都是这样毫无希望。一切，整个地球都这样。”

“不，并不是没有希望。”她的脸变得严肃起来，身体向他靠近了一些，“你的想法是错误的。”

“什么？”

“我要告诉你一些事情。能够拯救地球的不是政府，不是像GEP这样的公司，也不是大学。它们在灾难面前出于自身利益的考虑，都太保守了。能够拯救地球的是意志坚定的个人。”

他冷笑了一声：“个人能够干得了什么！”

“他们当然可以，我知道有些人已经开始这么做了。他们正在计划一个协作的地球工程项目，将基因改造后的气溶胶注入大气层，对阳光进行遮挡从而给地球降温。”

塞斯目瞪口呆地看着她，她看上去不像是在开玩笑。

“几十年前我们就知道这样做是可行的，你也一定知道。”

“是的。”他回答说，“但是，萨薇，任何国家都不允许这样做。”

“我已经告诉你了，不是哪个国家。这是由一个有同样信念的亿万富翁私人资助的。下个月，将会有 20 架飞机从全球各地起飞，把气溶胶注入足够高的大气层，让它们能够保持稳定。”

“飞机会被击落下来的！”

“有一些可能会，但到了那个时候已经太晚了。气溶胶已经被释放出去了，地球将会开始降温。”

“你们会改变整个地球的气候！农作物将会减产，并且……”

“有些可能会，但有些会生长得更好。长时间来看，总量还是会净增长的。塞斯，你想一想，气候已经在变差，并且还在不断恶化。”

“但是……”

“我是相信你才告诉你这个消息的，不要让我后悔这么做了。”

“但是你在相信一个未经测试的、激进的、未知的项目。”

“不是我。但那些参与该项目的人的确深信不疑，有时候他们也是迫不得已，没有其他选择。但这个应该是属于你的，而不是GEP，是你创造了它。”

她从自己宽松裤子的一个隐藏的袋子里面拿出一个密封好的小瓶子。

在石阶的顶部，被太阳晒伤的美国人停了下来。一个女人向他走过来，穿着金蓝色的纱丽，他从来没有见过她这样打扮。她轻轻地碰了一下他的手臂，但是没有说什么。

“萨薇。”他开口说道。

她用黑色的眼睛望着他，眼睛周边的皱纹好像比以前更深了，她在等他继续说下去。

“科学不应该是这样的，”他继续说道，“我无法承担这样的责任。”

“如果你都不可以，那还有谁行呢？”

他沉默了。

“塞斯，蛋白质有很多种不同的折叠方法，对吧？但是它的折叠方法不会是无穷无尽的，任何事情都有其极限。”

“蒂亚。”

萨薇补充说：“是很无辜的。”其实她没有必要说这些。

他们在石阶上伫立良久。河中的葬船把火葬的灰烬倾倒到河里，一位老妇人正在石阶下面洗衣服，两个游人在那里照相，头顶上一架无人机缓缓地飞过。在晨光下，河面闪闪发光。塞斯仿佛能够看到致命的六价铬散发出来的蓝色，虽然他知道自己看不见。

他重新走下石阶，打开小瓶，向圣河弯下腰去。

第 20 章　史海钩沉：工业革命的教训[①]

为了评估本书对于技术未来的看法是否合理，我们可以看看过去的一些关键事件。

在史前时代和人类历史的大部分时候，技术在每一代人中都是保持不变的。人们使用和他们父母那一代几乎一样的工具，或者就是使用他们父母传给他们的同样的铲子、锄头、杵棒、水罐、针线、刀具等。但世界并不是一成不变的，这其中创新起到了关键作用：烟囱的出现改变了房屋的性质，马镫的出现改变了马的用途。但变化总是很缓慢的，技术可能成功，也可能失败。当菲利波·布鲁内列斯基在佛罗伦萨准备为大教堂建造一座穹顶时，他发现自己可以采用罗马万神殿（为了纪念阿格里巴的功绩而建造）的穹顶模型，至少可以借鉴。穹顶的建筑艺术在西欧已经失传了 1300 多年。

① 本章作者奥利弗·莫顿是《经济学人》简报专栏编辑，也是一位经验丰富的科普作家，最近出版了《重建地球：地球工程如何改变世界》一书。

世界上大部分地方，很多技术都还正这样代代相传。由于一些特定原因，很多人仍然使用他们父辈那一代的技术。正如英国伦敦帝国学院的历史学家大卫·埃奇顿于 2006 在其著作《老科技的全球史》（*The Shock of the Old*）所说的那样，我们经常用科技创新的历史掩盖应用技术的历史，而正是应用技术（如人力车、避孕套这些基本技术）支撑着人们生活的方方面面，这些技术限制了我们能够做什么及其难易程度。

这种技术的稳定性不仅仅发生在农村和发展中国家。马尼托巴大学的瓦克拉夫·斯密尔在其著作《全球化的原动力：柴油机和蒸汽涡轮机的历史与影响》（*Prime Movers of Globalisation: The History and Impact of Diesel Engines and Gas Turbines*）指出，今天的贸易和运输依赖的两项基本技术在很久以前就出现了：柴油发动机可以追溯到 19 世纪 90 年代，而蒸气涡轮机则是 20 世纪 30 年代出现的。它们花了一段时间来实现自己的统治地位，在过去一个世纪的大部分时间里，装配柴油发动机的轮船、火车和卡车运输了全球大部分的货物，现在飞机能够提供更加快捷的货运。

正如斯密尔在其他地方所说的那样，或许 20 世纪最重要的技术——当然也是最不受欢迎的技术之一——自从其出现以来就一成不变。在 20 世纪初，弗里茨·哈伯及其巴斯夫公司（BASF，一家化学品公司）的同事卡尔·博施发明了将大气中的惰性气体氮固定为化合物的第一种实用性方法，利用这种化合物可以制造人造肥料和炸药。

这使得战争达到了前所未有的规模：有相关计算表明，在第二次世界大战中，参战国使用了超过600万吨的烈性炸药，如果没有人工固氮方法，是不可能造成这么大的破坏的。但是相比于被其屠杀的人，这项技术也帮我们养活了更多的人。基于工业人工固氮的人造肥料，让全球可以养活的人口比20世纪末增加了4倍多。人造肥料至今仍然对于人类文明至关重要，就像柴油机和涡轮机一样，虽然其生产范围和效率得到了很大的扩张和提高，但还是使用哈伯–博施法生产。

这个世界有一个坚实、变化缓慢的技术基础，它一直都存在，延续不断，但新生代总是忽视它，而新闻媒体也总是对它选择性失明。与此同时，布鲁内列斯基和博施的世界有本质不同。18世纪下半叶和19世纪上半叶，社会的变化与技术的变化息息相关。首先在英国，然后席卷全世界，那些下一代的生活将彻底异于上一代的想法也被颠覆了。

工业革命不仅改变了技术及其生产的事物，也改变了技术变革的速度，以及这些技术衍生出来的商业的兴衰速度，带来了一个技术不断进步、经济不断增长的世界。在过去几千年，世界的生产总值一直比较平稳，在工业革命的带动下，开始呈指数级增长。虽然该指数增长时快时慢，但它一直持续至今。

自我意识？

技术带来的这些变化既司空见惯，也引人注目，特别是蒸汽涡轮机在现代的各种形式。当技术释放出新的威力时，就不可避免地创造出新的可能。创新对历史的促进，就像活塞推动车轮一样，随处可见。你会发现人们津津乐道的是创新在科技史中的作用，不是其应用，并且人们总是强调新，似乎只有新的东西才值得一提。在经济理论中你可以看到，技术增长只是系统外部的变量，只会影响经济的长期波动，其他影响经济增长的因素则莫名其妙的是内生因素。你可能感觉很模糊，但有一点是可以肯定的，那就是技术的进步及其带来的问题都在持续加速。这些看法并不都是完全被人们认同的，正如瑞安·埃文特在第 6 章里面所说，经济增长的数据并不能很好地反映人们日常生活的各种进步，但是他们都感觉技术有一定的自主性，即自我意识。

如果想了解这一想法的集大成者，可以看一看凯文·凯利在 2010 年写的《科技想要什么》。凯利是《连线》杂志的第一任执行总编，也是我的朋友和前同事，他认为技术是一种按照自己的规则和逻辑进化的生命体，不仅不像自然界的某种力量，并且比通常人们认为的自然力量更有意识。他提出了“技术元素”这个概念，用于概括所有与技术相关的事物，表现了其追求更高的连通性和复杂性的趋势。凯利认为人们无论是从物质上，还是从精神上都受益于连通性和复杂性：通过了解技术想要什么，并且帮助技术去达到它的目标，人类也将得到进一步发展。但是这种乐观主义有一个前提，那就是机器和人类的利益刚好一致。读者可能会猜测，如果技术想要的并不是对人类最好的那又如何，可能人类就要对自己的利益退而求其次了。这确实是很多人在现实中经历过的。

凯利把技术看成是力量本身，在这件事上他比大多数人更加直接（且雄心勃勃），不过在其他一些关于硅谷技术或者其他技术的著作中也到处可见类似的思想，有些可能没有这么直接。马克思主义为这种思想发明了一个专有名词：拜物教（Fetishism）。马克思在其1867年的《资本论》中说，通过为非生命物质赋予权力，现代世界模糊了其潜在的社会结构：谁为谁做什么及其为什么做。他写道：

> 我们就得逃到宗教世界的幻境中……人脑的产物表现为赋有生命的、彼此发生关系并同人发生关系的独立存在的东西。在商品世界里，人手的产物也是这样。

技术是一种具有独特运行规律、能够自我适应社会的自主实体，即使你不是一个马克思主义者，也会被这样的言论震惊。这样的言论掩盖了一些问题——是谁选择了技术？它们怎么通过市场或者其他途径进行传播？谁受益了？你可以像马克思主义者那样忽略技术本身单独就是一个重要元素的问题。虽然马克思主义者通常对自己的观点很坚定，但马克思对于技术的看法还是随着时间的推移有所变化的，后来他把技术本身看作世界发展的一个变量，1847 年他在《哲学的贫困》中写道“手推磨产生的是封建主的社会，蒸汽磨产生的是工业资本家的社会”。

正如隆德大学的安德烈亚斯·马尔姆于 2016 年在其著作《化石之都》（*Fossil Capital*）中所写的那样，他对工业革命做了有趣的重新评估，认为社会、蒸汽磨坊，以及工业资本主义之间的关系要复杂得多。蒸汽动力经常被视为工业革命的基础，是工业革命能够成功的关键因素。但是，当马尔姆调查 18 世纪晚期到 19 世纪早期蒸汽机在英国兴起的原因时，他没有找到很多线索。英国并不是特别擅长开采煤矿和使用燃煤，在早期，蒸汽动力相对于其他替代品来说并没有明显优势。

更重要的是，工业资本家出现了。产出的指数级增长通常被认为是工业革命的特征，但是这个特征在蒸汽机普及之前就已经出现了。英国棉纺织业产量的快速增长出现在 18 世纪 80 年代，主要是因为鼓励创新以及全面加大生产再投资（投资的比例经常超过 30%）的文化带来了一系列机械改进。而这些产量的增长使用的还是当年阿格里巴建造万神殿的动力设备：水车。

对于那些只是粗略了解技术或者能源史的人来说，这通常被认为是一个过渡阶段，当水车自身的限制不断增长时，蒸汽机就应运而生了。但根本不是这么回事。1983 年，罗伯特·戈登发表了对英国北部流域的详细研究。1838 年，工业革命正如火如荼，以前所未有的速度发展，但是没有任何一条河流流域的水力发电潜能利用超过了 10%，在水电潜能最大的特伦特河流域，仅仅利用了不超过 2%。

蒸汽动力对于工业的指数增长并不是必需的，它之所以被使用，并不是因为它无可替代，也不是因为它的成本更低，而是因为它很适合那些对其进行投资的人。它能够让他们突破时空的限制，让他们能够在任何地方建造磨坊，并且能够轻松地改变操作速度。所以这样能够让整个行业更加集中，充分利用更多的劳动力储备。工厂主和工人喜欢蒸汽动力的原因与技术内在的动力无关，而是社会两个阶层关系的演变结果。并不是技术带来革命，而是革命孕育了技术。

蒸汽动力

为什么蒸汽机的早期历史对于今天的我们这么重要？有以下三个原因。第一，它显示了资本主义的核心作用。在未来市场驱动的增长中，资本再投资带来的对技术的需求，将完全不同于任何以往的社会组织模式。这并不是像某些人认为的那样，越纯粹的资本主义越好。在 20 世纪，政府在各种技术发展过程中扮演的角色越来越重要，在技术的推广中也是如此。

但是在现代市场经济中，人们对于技术变革的需求及其应用与以往任何时候都不一样。

有一种经常被用来证明技术独立变化的现象能很好地阐述这一点。通过对从柴油发动机、电话到灯泡等系列发明创造的仔细研究，人们发现对于很多人来说这些技术基本上是同时到来的。20 世纪 70 年代，兰登·温纳和罗伯特·默顿同时对创新进行的一些开创性研究，已经被以凯文·凯利为代表的一些人认为是技术能够自己“想”要如何发展的证据。不过，在我看来，这只不过是说明在资本主义制度中，创新具有很高的回报并且可以创新的东西比较有限。例如，可以看看在资本主义之前，有哪些是技术可以做到，但是最终没有选择去做的。按钮和前轮手推车这些本应该能在古代被发明出来，却没有被发明出来。

第二，把蒸汽动力视为工业革命的起因，而不仅仅是工业革命的精华，让我们知道人们想从技术身上得到什么。蒸汽机之所以成为技术能够自主发展的一个标志，是因为蒸汽机本身似乎刚好这样。在早期，无论是技术支持者，还是技术末世论者，蒸汽机能够自己工作的想法都被认为是一种迷信和盲目的崇拜。希望和恐惧并存：希望技术能够拯救我们，同时害怕技术会让我们灭亡。毕竟《科学怪人》就是一个关于自主技术的故事。

计算机在现代扮演的角色正和维多利亚时代的蒸汽机一

样，它们是所有技术自主权以及类似想法的代表。当它们说“是”，或者“否”，或者“做出”决定时，都是按照人类事先编好的程序来运行的，为了达到人类的目的，同样也存在人类的缺点。但是在旁人看来，它们这样做，很难让人不去想象它们是按照自己的意识去运行的。目前人工智能的发展趋势非常诱人，因为它似乎把这种自主性推向了极限。在这里，我要对尊敬的凯利说，我不认为是技术想要什么，某种程度上是人们通过技术想做什么，并且有人在一直为这个努力。

鉴于信息技术在过去几十年中取得的明显的、创新性的进步（我之所以说是明显的进步，正如罗伯特·卡尔森在第3章提醒我们的那样，生物技术的进步也是巨大的），人们对于自主性的这种关注是可以理解的。但是这也存在一定的风险，我们有一个先入为主的观念，认为自主性是目前技术的核心问题，这有可能扭曲我们对未来的看法。以武器为例，本杰明·萨瑟兰在第11章中详细介绍了武器可能具备的自主性或者智能性，包括可以自动转弯的子弹。但是他有选择性地没有展开讨论弗兰克·韦尔切克在第2章中提到的，对于核物理更深入地掌握可能很快带来的“比今天的反应堆（或炸弹）更小、更易控制、更通用的超稠密能量体”。

这种破坏性很大的武器让我想起了很多年前伟大的物理学家，也是韦尔切克的前同事——弗里曼·戴森说过的话。戴森说，他最不想看到的一个物理方面的进展就是，不需要核裂变武器（原子弹）引爆的核聚变武器（氢弹）。在我看来，这正是韦尔切克预测会发生的事情之一。

目前，要通过把氢原子聚合在一起来引爆氢弹，必须先在连锁反应中裂变铀或者钚原子。也就是说，所有的核聚变武器里面都需要内置一个核裂变武器才行。设计核裂变武器相对比较容易，1942 年，第一个曼哈顿计划的科学家们就在洛斯阿拉莫斯设计出了这种武器。但是提取所需数量的钚和铀同位素就困难得多，在 20 世纪 40 年代需要消耗美国一定的GDP才行。即使现在，对于任何非国家的组织来说，也不是那么容易，或者说没有国家的支持是很难做到的。事实上，核武器制造能力的扩散速度远比 20 世纪五六十年代要慢，后果也没有那么可怕，其中很大一部分原因就是提取核裂变材料十分困难，再加上国际制裁以及其他形式的警告（包括先发制人的攻击），使其难上加难。

如果韦尔切克是正确的，在计算机的帮助下，核物理学家有可能设计出新的利用原子核能量的方法，就像化学在计算机的帮助下能够设计出新的分子一样，那这个障碍就解决了。到那一天，就可以用比现在简单得多的技术、更容易获得的更丰富的材料来制造核武器。有可能会有自杀式袭击者携带千吨当量级的炸弹。对于我来说，这可能比人工智能会造反以及奴役我们更值得担心，遗憾的是，在这方面的讨论反而更少。

意外的后果

关注蒸汽机发明的第三个原因是，它是意外后果最明显的例子。19 世纪就有人认为二氧化碳会让地球变暖，但是直到 20 世纪中期，大家才清楚地认识到工业资本主义带来的各种化石燃料设备所释放的二氧化碳可能会改变气候，一直到 20 世纪末，人们才开始认真对待这个警告。19 世纪资本家的一些决定就这样以他们预想不到的方式改变了地球。

把大气层当成垃圾场的后果可能比目前显现的结果更严重。就像大气化学家保罗·克鲁岑指出的那样，开始的时候人们对于制冷气体（氯氟烃）中的氯对大气层中臭氧的破坏原理并不是很清楚，这样这些破坏臭氧的化学物就被释放到大气层中，给全球环境带了潜在的深刻影响。令人欣慰的是，这个问题被人类关注之后得到了控制，虽然臭氧层已经被破坏了，但是它并没有继续恶化，还有可能正在慢慢恢复。如果氯的化学性质和溴一样，或者如果溴像氯那样大规模地在工业中使用，事情可能就完全不一样了。对于臭氧来说，溴相较于氯，就像联合收割机和镰刀一样。在溴使用之后的半个世纪里，南极和北极的臭氧层可能会被挖出一个大洞，整个地球的臭氧层也会迅速被破坏，甚至完全崩溃。

在我们继续创新的道路上，真的很难笼统地概括我们需要如何面对这个意外后果的问题，但有一点很明确的是，这种问题往往是被大家忽视的（也有时候是因为超出了大家的想象）。虽然很多时候这种忽视往往是故意为之的，甚至是故意欺骗的，例如，我们绝对不能忘记世界上那些烟草公司对于尼古丁后果的可耻回应，导致了数以百万计的人死亡，但有时候的的确确是被忽视了。即使发明氯氟烃的人进行更加仔细的考虑，可能也无法做出更好的决定，因为当时的科学水平还不足以完全理解氯氟烃带来的后果。他们需要的不是表面看到的事实，当时研究这个问题的思路、概念和工具都还不存在。

我认为这是一个很难解决的问题。在评估某项技术时，对已知的未知风险进行研究，从监管角度看还是有意义的。但是总会存在一些未知的未知风险。目前最明显潜伏有这种风险的领域是人类意识的运行机制，对其的了解程度还不如 20 世纪 30 年代我们对大气层化学机制的了解。随着技术不断地在意识领域取得进展，例如，它们能够增强人类的记忆和感官，在人际交流以及创造性工作方面发挥作用，就像我们的小说家所想象的那样，它们带来不可预期后果的概率正在上升。使用了精神假肢和意识增强技术的人有可能会改变思维方式。现在还无从得知这种改变是否有害，不过明确的一点是，目前我们还不能完全预知它们。

对策

当意外后果突然出现时，有两点是可以确认的。第一，出现的问题将刺激新技术的发展，新技术将替代产生问题的技术或者直接解决遇到的问题。如氯氟烃，已经有了相应的替代品，可以使用新技术来达到老技术的功能。在气候变化问题中类似的事情正在发生。包括马尔姆在内的一些人希望重塑气候危机下的资本主义社会关系——娜欧米·克莱因在2014年出版的畅销书《天翻地覆》的副标题就是“资本主义与气候危机”——大部分努力都是尝试用高能效的技术替代低能效的技术，以及用非化石燃料的发电机替代释放二氧化碳的发电机。

也可能不完全是用新技术替代旧技术做同样的事，而是有针对性地解决原有技术存在的问题。以气候变化问题为例，可以引入地球工程技术让地球的云层变得更干净，或者使用大气层中的微粒来遮挡阳光，或者从大气中把二氧化碳吸出来。如果不在大气工程方面进行努力，类似于把气候变暖控制在1.5ºC这样雄心勃勃的目标多少有点不太可能，也许人们只能坐着时光机回到过去修改相关的政策。正如韦尔切克指出的，时间旅行是科幻小说里面的技术，超出了现在物理学的范畴，地球工程技术虽然也带有科幻小说的色彩，却是可行的，尽管这种技术的效果以及可能存在的副作用风险目前还不太确定。这就意味着我们在谈论严格控制地球变暖方面应该更慎重，或者对于地球工程技术的作用应该进行更深入的讨论。

在讨论如何让这些多少还处于我们想象中的技术能够安

全、公平、可控地应用时，我们应该突出面临的困难和所需的努力。在全球范围内，如何负责任地、包容地开发如此雄心勃勃的技术还没有先例。如果人们在开发新技术时不对其后果进行广泛的意见征求和详细的讨论，有可能会带来可怕的后果。

人们担心地球工程的一个内在原因是，他们想要一种比“技术修复”更持久，或者更根本的东西，这也是能够理解的。同时，我们应该知道任何技术都是修复性的。它们用来满足人们的需求，并创造需求。如果奢求地球工程能够一次性地完全解决气候问题，那将是荒谬的。另外，在一个资本带来持续增长和变化的世界里，认为任何技术或者任何制度都能够被修复，同样是荒谬的。

这让我们得到了面对未来意外后果的第二件可以确定的事：对于意外后果的反应本身也可能带来意想不到的后果，技术的创新者也将研究如何减轻这些可能带来意外后果的后果。对于这个问题并没有灵丹妙药。就像经济学家 W. 布赖恩 · 阿瑟于 2009 年在其著作《技术的本质》中写的，“解决方案将带来新问题”。

不可能在没有社会行动的情况下完全依靠技术来解决问题，盲目崇拜技术的危险之一就是它忽视了这一点，就像是一个完全自主的演员。好的解决方案很难只通过技术本身来实施。技术永远不是最后的决定因素，总会有一些新的东西可以去尝试，有一些麻烦事需要去解决。持续了几个世纪的技术变革不会结束，也许这些变革才刚刚开始。如果能够清楚地认识到，技术自己是没有时间表的，它只服务于别人的时间表，它一定会像满足那些旧需求一样，有效地创造出新需求，这将能让我们更容易地驾驭这种变化，但是变化永远不会停止。

致　谢

老话常说，千万不要进行预测，特别是关于未来。我非常感谢本书所有的作者能够勇敢地无视这一点，为我们展现了30年后他们脑海中的未来。

在《经济学人》工作的乐趣之一就是，只需要走过短短的走廊就可以为各种问题找到最好的建议。很多同事都为我提供了宝贵的意见。特别是奥利弗·莫顿和汤姆·斯丹迪奇在本书的大纲设计和作者推荐方面给予了我巨大的帮助。马修·西蒙兹和娜塔莎·洛德给予很多他们深思后的反馈，詹尼·明顿·贝多斯一直鼓励我完成这本书，帕特西·德莱顿一直帮助我确保能完成每天的日常工作。

Profile Books出版社的克莱尔·格里斯·泰勒和艾德·莱克一直都是本书的热心支持者，保罗·弗提细心地把所有事情都安排得井井有条，彭妮·威廉姆斯、大卫·格里菲思和皮普·沃分别帮我进行了文字编辑、数据核实以及图表编辑工作。

本书虽然是展望 2050 年的超级技术，却耗费了我 2015 年和 2016 年的大量时间。特别感谢我的妻子盖比，容忍我把大量时间用来冥想未来。